AF509628

P. FONCIN

Agrégé d'histoire et de géographie, Directeur honoraire de l'Enseignement secondaire, Inspecteur général de l'Enseignement secondaire,
Président de l'*Alliance française* pour la propagation de la Langue française dans nos colonies et à l'Étranger.

GÉOGRAPHIE

Cours élémentaire

Géographie intermédiaire entre l'Année préparatoire et la 1re Année = Cours moyen.

Géographie locale

Lecture des plans et des cartes

Explication des termes géographiques

Géographie générale

Les Cinq parties du Monde

La France

Les Colonies françaises

Librairie Armand Colin

5, rue de Mézières, Paris

Prix : 1 fr.

LES 86 DÉPARTEMENTS DE LA FRANCE

1. PLAINES DU NORD.

DÉPARTEMENTS	CHEFS-LIEUX	SOUS-PRÉFECTURES
Nord	LILLE	Dunkerque, Valenciennes, Douai, Cambrai, Hazebrouck, Avesnes.
Pas-de-Calais	ARRAS	Boulogne, Saint-Omer, Béthune, Saint-Pol, Montreuil.
Somme	AMIENS	Abbeville, Péronne, Doullens, Montdidier.

2. PLAINES DE PARIS ET DE LA CHAMPAGNE.

DÉPARTEMENTS	CHEFS-LIEUX	SOUS-PRÉFECTURES
Oise	BEAUVAIS	Compiègne, Clermont, Senlis.
Aisne	LAON	Saint-Quentin, Château-Thierry, Vervins, Soissons.
Marne	CHALONS-S-MARNE	Reims, Épernay, Vitry-le-François, Sainte-Menehould.
Haute-Marne	CHAUMONT	Langres, Vassy.
Aube	TROYES	Bar-sur-Aube, Nogent-sur-Seine, Arcis-sur-Aube, Bar-sur-Seine.
Yonne	AUXERRE	Sens, Joigny, Tonnerre, Avallon.
Seine-et-Marne	MELUN	Coulommiers, Fontainebleau, Meaux, Provins.
Seine	PARIS	Arrond^ts de St-Denis et de Sceaux.
Seine-et-Oise	VERSAILLES	Pontoise, Corbeil, Mantes, Rambouillet, Étampes.
Eure-et-Loir	CHARTRES	Dreux, Nogent-le-Rotrou, Châteaudun.

3. PLATEAU LORRAIN.

DÉPARTEMENTS	CHEFS-LIEUX	SOUS-PRÉFECTURES
Ardennes	MÉZIÈRES	Sedan, Rethel, Vouziers, Rocroi.
Meuse	BAR-LE-DUC	Verdun, Commercy, Montmédy.
Meurthe et Moselle	NANCY	Lunéville, Toul, Briey.
Vosges	ÉPINAL	Saint-Dié, Remiremont, Mirecourt, Neufchâteau.

4. PLAINES ET COLLINES DE NORMANDIE.

DÉPARTEMENTS	CHEFS-LIEUX	SOUS-PRÉFECTURES
Seine-Inférieure	ROUEN	Le Havre, Dieppe, Yvetot, Neufchâtel.
Eure	ÉVREUX	Louviers, Bernay, Les Andelys, Pont-Audemer.
Calvados	CAEN	Lisieux, Bayeux, Falaise, Vire, Pont-l'Évêque.
Manche	SAINT-LÔ	Cherbourg, Avranches, Coutances, Valognes, Mortain.
Orne	ALENÇON	Argentan, Domfront, Mortagne.

5. BRETAGNE, VENDÉE ET POITOU.

DÉPARTEMENTS	CHEFS-LIEUX	SOUS-PRÉFECTURES
Loire Inférieure	NANTES	Saint-Nazaire, Châteaubriant, Ancenis, Paimbœuf.
Finistère	QUIMPER	Brest, Morlaix, Châteaulin, Quimperlé.
Côtes du Nord	SAINT-BRIEUC	Dinan, Guingamp, Lannion, Loudéac.
Morbihan	VANNES	Lorient, Pontivy, Ploërmel.
Ille-et-Vilaine	RENNES	Saint-Malo, Fougères, Vitré, Montfort, Redon.
Vendée	LA ROCHE-SUR-YON	Les Sables-d'Olonne, Fontenay-le-Comte.
Vienne	POITIERS	Châtellerault, Montmorillon, Loudun, Civray.
Deux-Sèvres	NIORT	Parthenay, Bressuire, Melle.

6. PLAINES DE LA LOIRE.

DÉPARTEMENTS	CHEFS-LIEUX	SOUS-PRÉFECTURES
Mayenne	LAVAL	Mayenne, Château-Gontier.
Sarthe	LE MANS	La Flèche, Mamers, Saint-Calais.
Maine et Loire	ANGERS	Cholet, Saumur, Baugé, Segré.
Indre et Loire	TOURS	Chinon, Loches.
Loir-et-Cher	BLOIS	Vendôme, Romorantin.
Loiret	ORLÉANS	Montargis, Gien, Pithiviers.
Cher	BOURGES	Saint-Amand, Sancerre.
Indre	CHATEAUROUX	Issoudun, Le Blanc, La Châtre.
Nièvre	NEVERS	Cosne, Clamecy, Château-Chinon.

7. LE MASSIF CENTRAL.

DÉPARTEMENTS	CHEFS-LIEUX	SOUS-PRÉFECTURES
Allier	MOULINS	Montluçon, Gannat, La Palisse.
Creuse	GUÉRET	Aubusson, Bourganeuf, Boussac.
Haute-Vienne	LIMOGES	Saint-Yrieix, Rochechouart, Bellac.
Dordogne	PÉRIGUEUX	Bergerac, Sarlat, Ribérac, Nontron.
Lot	CAHORS	Figeac, Gourdon.
Tarn	ALBI	Castres, Gaillac, Lavaur.
Aveyron	RODEZ	Millau, Villefranche-de-Rouergue, Saint-Affrique, Espalion.
Lozère	MENDE	Marvejols, Florac.
Haute-Loire	LE PUY	Brioude, Yssingeaux.
Loire	SAINT-ÉTIENNE	Roanne, Montbrison.
Puy-de-Dôme	CLERMONT-FERRAND	Thiers, Riom, Ambert, Issoire.
Corrèze	TULLE	Brive, Ussel.
Cantal	AURILLAC	Saint-Flour, Mauriac, Murat.

8. PLAINES DU SUD-OUEST.

DÉPARTEMENTS	CHEFS-LIEUX	SOUS-PRÉFECTURES
Charente-Inférieure	LA ROCHELLE	Rochefort, Saintes, Saint-Jean-d'Angély, Marennes, Jonzac.
Charente	ANGOULÊME	Cognac, Barbezieux, Ruffec, Confolens.
Gironde	BORDEAUX	Libourne, Bazas, Blaye, La Réole, Lesparre.
Lot-et-Garonne	AGEN	Villeneuve-sur-Lot, Marmande, Nérac.
Tarn-et-Garonne	MONTAUBAN	Moissac, Castelsarrasin.
Gers	AUCH	Condom, Lectoure, Lombez, Mirande.
Landes	MONT-DE-MARSAN	Dax, Saint-Sever.

9. PYRÉNÉES.

DÉPARTEMENTS	CHEFS-LIEUX	SOUS-PRÉFECTURES
Basses-Pyrénées	PAU	Bayonne, Oloron, Orthez, Mauléon.
Hautes-Pyrénées	TARBES	Bagnères-de-Bigorre, Argelès.
Haute-Garonne	TOULOUSE	Saint-Gaudens, Muret, Villefranche-de-Lauraguais.
Ariège	FOIX	Pamiers, Saint-Girons.
Aude	CARCASSONNE	Narbonne, Castelnaudary, Limoux.
Pyrénées-Orientales	PERPIGNAN	Prades, Céret.

10. JURA ET SAÔNE.

DÉPARTEMENTS	CHEFS-LIEUX	SOUS-PRÉFECTURES
Belfort (Territoire de)	BELFORT	
Haute-Saône	VESOUL	Gray, Lure.
Doubs	BESANÇON	Montbéliard, Pontarlier, Baume-les-Dames.
Jura	LONS-LE-SAUNIER	Dôle, Poligny, Saint-Claude.
Côte-d'Or	DIJON	Beaune, Châtillon-sur-Seine, Semur.
Saône-et-Loire	MACON	Autun, Chalon-sur-Saône, Charolles, Louhans.
Ain	BOURG	Belley, Nantua, Gex, Trévoux.

11. ALPES.

DÉPARTEMENTS	CHEFS-LIEUX	SOUS-PRÉFECTURES
Haute Savoie	ANNECY	Thonon, Bonneville, Saint-Julien.
Savoie	CHAMBÉRY	Albertville, Saint-Jean-de-Maurienne, Moutiers.
Hautes-Alpes	GAP	Briançon, Embrun.
Basses Alpes	DIGNE	Sisteron, Forcalquier, Barcelonnette, Castellane.
Alpes-Maritimes	NICE	Grasse, Puget-Théniers.
Var	DRAGUIGNAN	Toulon, Brignoles.
Corse	AJACCIO	Bastia, Calvi, Corte, Sartène.

12. VALLÉE DU RHÔNE ET PLAINES DE LA MÉDITERRANÉE.

DÉPARTEMENTS	CHEFS-LIEUX	SOUS-PRÉFECTURES
Rhône	LYON	Villefranche-sur-Saône.
Isère	GRENOBLE	Vienne, Saint-Marcellin, La Tour-du-Pin.
Ardèche	PRIVAS	Tournon, Largentière.
Drôme	VALENCE	Montélimar, Die, Nyons.
Vaucluse	AVIGNON	Carpentras, Orange, Apt.
Bouches-du-Rhône	MARSEILLE	Aix, Arles.
Gard	NIMES	Alais, Uzès, Le Vigan.
Hérault	MONTPELLIER	Béziers, Lodève, Saint-Pons.

ALGÉRIE.

DÉPARTEMENTS	CHEFS-LIEUX	SOUS-PRÉFECTURES
Alger	ALGER	Médéa, Miliana, Orléansville, Tizi-Ouzou.
Oran	ORAN	Mascara, Mostaganem, Sidi-bel-Abbès, Tlemcen.
Constantine	CONSTANTINE	Batna, Bône, Bougie, Guelma, Philippeville, Sétif.

TABLE DES MATIÈRES
contenues dans le Cours élémentaire de Géographie P. FONCIN

Foncin. Cours élémentaire.

P. FONCIN

Ancien élève de l'École Normale supérieure. Agrégé d'histoire et de géographie. Docteur ès lettres,
Directeur honoraire de l'Enseignement secondaire au Ministère de l'Instruction publique, Inspecteur général de l'Enseignement secondaire,
Président de l'*Alliance française* pour la propagation de la Langue française dans nos colonies et à l'étranger.

GÉOGRAPHIE

à l'usage du

Cours élémentaire

des Écoles primaires et de la Division préparatoire des Lycées et Collèges.

Géographie intermédiaire entre l'ANNÉE PRÉPARATOIRE et la 1ʳᵉ ANNÉE = Cours moyen.

PREMIÈRE PARTIE. — NOTIONS DE GÉOGRAPHIE GÉNÉRALE

1. La Géographie. — La Géographie est la description de la *Terre*.

C'est une science très utile et digne de toute notre attention.

Elle ne décrit pas seulement le sol, mais aussi ses habitants et ses productions.

2. Représentation de la Terre. — La Géographie a plusieurs moyens de *représenter* ce qui existe à la surface de la Terre. Elle se sert d'images, de globes terrestres, de plans et de cartes.

3. Images. — Les images ne peuvent représenter que des portions restreintes de la surface de la Terre ; par exemple, un paysage (fig. 1), une ville, un groupe d'hommes. On ne peut pas, sur des images, prendre des mesures exactes des personnes ou des choses.

Fig. 1. — Une image : représentation d'un paysage.

Ainsi la tour Eiffel, photographiée de loin, n'atteint pas, sur l'image, bien qu'elle ait 300 mètres, la taille d'un enfant placé au premier plan, près de l'opérateur.

4. Globes terrestres. — Les globes terrestres (fig. 2) donnent une représentation exacte, mais très réduite de la Terre.

Les globes terrestres, les plus gros qu'on

ait jamais faits, n'ont guère qu'*un mètre* de diamètre, tandis que le diamètre de la

Fig. 2. — Globe terrestre.

Terre est de 12 000 kilomètres, c'est-à-dire de 12 millions de mètres.

5. Plans et cartes. — Les plans et les cartes sont tracés d'après des calculs rigoureux.

Une carte nous fera voir combien de kilomètres séparent Paris d'Orléans ; un plan, combien de mètres mesure le pont de la Garonne à Bordeaux.

6. Le plan de la classe. — Prenons un mètre et mesurons la classe. Nous trouverons, par exemple, qu'elle a la forme d'un rectangle de 15 mètres de long sur 10 mètres de large (fig. 3).

Convenons maintenant de représenter sur le papier chaque *mètre* par un *centimètre*. Notre rectangle aura 15 centimètres de long sur 10 centimètres de large.

Notre classe, ainsi figurée, est *cent fois* moins longue et moins large que dans la réalité, mais c'est notre classe exactement **représentée**.

Pour achever le plan, mesurons aussi et marquons à leur place les fenêtres et la

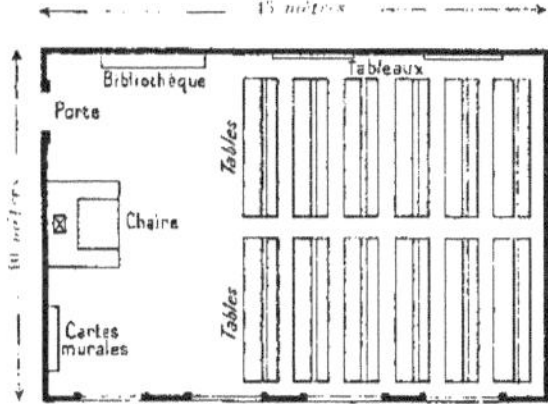

Fig. 3. — Plan d'une classe.
3 mètres : 1 centimètre réduction : 300 fois.

EXPLICATION. — Un plan qui réduirait la classe au centième de ses dimensions vraies, où chaque mètre serait figuré par un centimètre, est un plan facile à tracer sur un cahier d'élève ; il tient à l'aise dans une page ordinaire ; mais il est trop grand pour trouver place dans une colonne du texte imprimé de cet atlas. Il a fallu le réduire. Ainsi, dans la figure nº 3, 15 mètres sont représentés non plus par 15 centimètres, mais 3 seulement. Le plan de cette figure c'est donc cent fois plus petit que la réalité : il l'est 300 fois.

porte, la chaire, les tables et la bibliothèque. Le plan sera complet.

QUESTIONNAIRE

1. Qu'est-ce que la Géographie ? — **2.** Quels moyens a-t-elle de représenter ce qui existe à la surface de la Terre ? — **3.** Quels sont les avantages ou les inconvénients des images ? — **4.** des globes terrestres ? — **5.** des plans et des cartes ? — **6.** Comment tracer le plan de la classe sur un cahier d'élève ? — **7.** Que représentera un mètre si la classe est réduite au *centième* sur le plan ? — **8.** Si la classe est réduite au *centième* sur le texte imprimé ?

ÉLÉMENTS DE LECTURE DES PLANS ET DES CARTES

1. Le plan du village. — Nous avons dressé et orienté le plan de notre *classe*. Nous pourrions de même dresser et orienter le plan du *village*, en remarquant

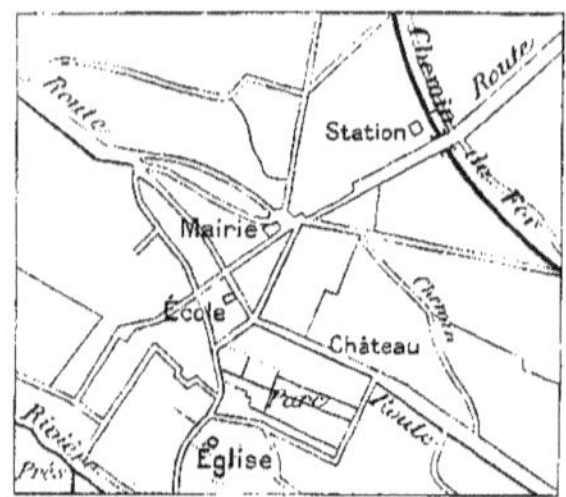

Fig. 4. — Plan du village.

les dimensions de la place, la direction des rues, la situation de la mairie, de l'école, etc.

2. Comparaison des plans. — Le plan de notre classe (fig. 3) et le plan du village (fig. 4) sont de dimensions à peu près égales. Cependant le premier ne représente qu'une *classe*, tandis que l'autre représente *tout le village*. Pourquoi ?

C'est une affaire de **convention** : — Pour le plan de la **classe**, on est convenu de représenter la classe *en grand*, dans un certain espace donné, sur une feuille de papier de dimensions convenues. — Pour le plan du **village**, on est convenu de représenter le village *en petit* dans le même espace, sur une feuille de papier semblable à la première.

Fig. 5. — Carte d'un pays de plaine : la Sologne.

De même, si nous avons deux boîtes exactement pareilles, nous pouvons mettre dans l'une dix grosses billes et dans l'autre mille petits plombs, et pourtant les deux boîtes sont de même grandeur.

Ainsi il en est des cartes comme des plans : avec des dimensions semblables les cartes représentent en raccourci de *vastes* espaces ; les plans représentent en détail des espaces *peu étendus*.

En outre, bien que les dimensions restent les mêmes, les espaces représentés peuvent varier beaucoup. Ainsi une demi-page de cet atlas pourrait être occupée par un *plan de Paris*, par exemple, tandis qu'une autre demi-

Fig. 6. — Carte d'un pays de montagne : le Velay.

EXPLICATION. — En haut, les différences de niveau sont représentées par des courbes et des teintes. — En bas, les mêmes formes de terrains sont figurées par des hachures en noir.

page de dimension semblable représente la *moitié de la France* (voir p. 27) ou *l'Europe entière*, avec la France et tous les autres États européens (voir p. 13) ou le *monde entier* (v. p. 9). Suivant que les pays représentés sont plus ou moins grands, on dit que la carte est à plus petite ou à plus grande *échelle*.

3. Diverses sortes de cartes. — On distingue diverses sortes de cartes :

1° Les cartes *physiques* (montagnes, cours d'eau, rivages, etc.) ;

2° Les cartes *politiques* (villes, divisions administratives, limites d'États) ;

3° Les cartes *économiques* (productions, canaux, voies ferrées).

Certaines cartes portent à la fois tout ou partie de ces diverses indications.

I. — CARTES PHYSIQUES

4. Pays de plaine (fig. 5). — Pour rendre les cartes plus claires on emploie des *signes conventionnels :*

Sur les cartes très détaillées, représentant une petite partie d'un grand pays, le blanc (voir la Sologne, fig. 5), désigne les *plaines* ; le bleu, les *lacs* ou la *mer* ; les *forêts* sont indiquées par un semis de petits ronds recouverts d'une teinte *verte* ; les *marais*, par de petits traits horizontaux simulant des roseaux.

5. Pays de montagne (fig. 6). — Le relief du sol, c'est-à-dire les montagnes et les collines, est représenté, de plusieurs façons :

1° (fig. 6, en haut). Par des *courbes de niveau* reliant tous les points situés à la même hauteur, et par des teintes : le vert représente les pays de plaines, le jaune les collines, l'ocre les montagnes, le blanc les parties très élevées (voir carte 23) ;

2° (fig. 6, en bas). Par des *hachures*, d'autant plus serrés et foncées que la pente de la montagne est plus raide ;

3° Par de petits triangles accompagnés d'un chiffre marquant la hauteur des principaux sommets (voir Mt Pilat, fig. 6).

6. Pays côtiers (fig. 7). — La *mer* est ordinairement teintée en bleu ; les côtes *plates* sont indiquées par un trait simple ; les *dunes* sont figurées par un pointillé noir ; les *falaises* par des hachures bordant la côte, et les *côtes rocheuses* par un gros trait noir (voir fig. 7 et carte, p. 23).

QUESTIONNAIRE

1. Qu'indiquerez-vous sur le plan de votre village ? — **2.** Pourquoi le plan de votre village a-t-il, dans votre livre, des dimensions à peu près égales à celle du plan de votre classe ? — **3.** Y a-t-il une différence entre un plan et une carte ? — **4.** Citez des exemples. — **5.** Quelles sont les diverses sortes de cartes ? — **6.** Quels sont les signes conventionnels usités pour les pays de plaine ? — **7.** Pour les pays de montagnes ? — **8.** Pour les pays côtiers ?

Fig. 7. — Carte d'un pays côtier : le Boulonnais.

II. — CARTES POLITIQUES

7. Signes conventionnels : lieux habités. — Enfants, apprenez à regarder plus loin que votre village et que votre horizon. Vous n'êtes pas les seuls habitants de la Terre. Il y a sur le globe, sauf dans les déserts, une infinité d'autres *lieux habités*.

Sur la plupart des cartes des atlas, la grosseur du signe (*point* ou *rond*) indiquant les lieux habités est presque toujours proportionnée au chiffre de la population de ces lieux. De même la dimension des caractères employés pour écrire un nom de ville est proportionnée à l'importance de la ville.

Exemples :

⊚ **Paris** (2 700 000 habitants)
⊚ **Lyon** (472 000 habitants)
⊚ **Dijon** (71 000 habitants)
⊚ *Melun* (13 000 habitants)

Fig. 8. — Exemple d'une carte très détaillée.

EXPLICATION. — On voit ici représentée une commune rurale de Flandre avec ses innombrables maisons alignées le long des routes et des chemins, et les hameaux espacés tout autour.

Sur les cartes très détaillées, qui sont presque des plans, et où il est possible de noter jusqu'aux *maisons*, celles-ci sont figurées par de petits rectangles pleins, et les *hameaux* par des groupes de ces rectangles (fig. 8).

8. Divisions administratives. — Les lieux habités diffèrent aussi par leur rang administratif.

La France est divisée en communes, *cantons*, arrondissements et **DÉPARTEMENTS**.

La commune est administrée par un maire et un conseil municipal ;

Plusieurs communes forment un *canton*, siège d'un juge de paix ;

Plusieurs cantons forment un **arrondissement** (fig. 9) administré

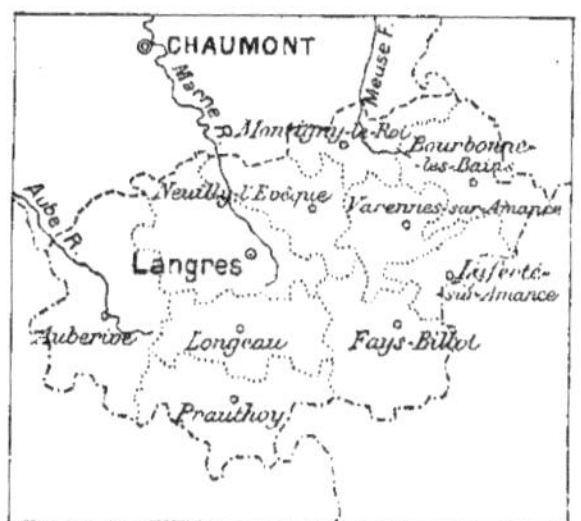

FIG. 9. — Cantons de l'arrondissement de Langres.

par un sous-préfet et un conseil d'arrondissement ;

Plusieurs arrondissements forment un **DÉPARTEMENT** (fig. 10) administré par un préfet et un conseil général.

Sur les cartes usuelles, l'importance des *signes* et des *caractères* désignant les chefs-lieux de commune, de canton, d'arrondissement et de département, est ordinairement proportionnée non à la population, mais au rang *administratif* de ces chefs-lieux.

Des villes comme Roubaix, de 121 000 habitants, ne sont que des chefs-lieux de commune, tandis que d'autres, telle que *Foix*, de 6 700 hab., sont des chefs-lieux de département.

Les *villes fortes* et les forts sont désignés par des étoiles ✿.

Des *coloris* différents indiquent souvent les divisions en provinces, départements, etc.

Les *limites* qui séparent les divisions administratives varient avec ces divisions. Exemple : des lignes de traits et des points séparent les départements ; — des lignes de traits simples, les arrondissements ; — des lignes de points, de diverse grosseur, les cantons et les communes.

III. — CARTES ÉCONOMIQUES

9. Les cartes économiques sont celles qui indiquent les productions agricoles, les industries, les voies de communication et les relations commerciales.

Tantôt on inscrit sur la carte, *en toutes lettres*, le genre de productions telles que : blé, vigne, betterave, etc., tantôt on emploie des *abréviations*. Exemples : F pour le fer ; H pour la houille, etc.

Un ruban de deux lignes parallèles désigne les *routes* ; un gros trait noir, (ou un trait avec de petits points simulant les stations), les *chemins de fer* ; un trait bordé de petits points ronds, les *canaux*. Des couleurs désignent quelquefois aussi ces voies de communication (voir la carte p. 25).

On marque sur les mers la route suivie par les paquebots : ce sont les *lignes*

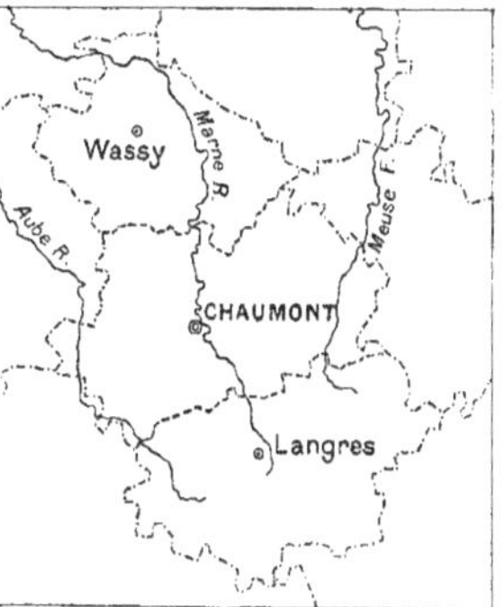

Fig. 10.
Arrondissements du département de la Haute-Marne.

de navigation. On inscrit près des ports, comme celui de Marseille (fig. 11), les *marchandises* qu'ils reçoivent ou qu'ils expédient (carte, p. 33).

Ainsi les signes conventionnels géographiques nous permettent de lire sur une carte l'importance, l'aspect, l'organisation administrative, les productions, les relations d'un pays.

FIG. 11. — Le port de Marseille.

QUESTIONNAIRE

1. Comment, par quels signes conventionnels indique-t-on sur les cartes les lieux habités ? **2.** Comment indique-t-on les centres administratifs ? **3.** Les villes fortes ? — **4.** Les régions ? — **5.** Les limites ? — **6.** Qu'est-ce que les cartes économiques ? — **7.** Quelles indications portent-elles ? — **8.** Quels sont les signes conventionnels adoptés pour les diverses voies de communication ?

LES TERMES GÉOGRAPHIQUES

(Vous connaissez déjà plusieurs des *termes géographiques*. Il est bon de les revoir et d'en apprendre quelques autres; et, si vous les comprenez bien, tous vous aideront dans la lecture et le dessin des cartes.)

1. Termes relatifs aux mers et aux rivages.

— Les mers les plus vastes portent le nom d'*océans*.

Les *îles* sont entourées d'eau de tous côtés; les *presqu'îles* ne tiennent à la terre ferme que par un seul côté.

Plusieurs îles forment un *archipel*.

Un *isthme* est une terre resserrée entre deux mers; un *détroit* est un bras de mer resserré entre deux terres.

Les *caps* s'avancent dans la mer; les *golfes*, dans les terres; les *baies* sont de petits golfes.

Une *rade* est une étendue de mer plus ou moins resserrée entre les terres, et qui sert d'abri naturel aux navires.

Un *port* est une baie protégée par de grandes murailles, *digues* ou *jetées* construites de main d'homme.

Exemple de régime maritime : **La rade de Brest**. — La rade de Brest (fig. 12) a 36 kilomètres de tour. C'est une petite mer intérieure.

La *presqu'île* ou péninsule de Crozon resserrée par un *isthme*, s'avance entre la rade de Brest et la *baie* de Douarnenez.

La rade de Brest communique avec l'Atlantique par un mince *détroit* nommé *goulet*.

La Bretagne se termine, à l'ouest de Brest, par le *promontoire*, ou *cap*, ou *pointe* de Saint-Mathieu. C'est là que finit la terre de France la plus avancée dans l'Océan. D'où le nom de *Finistère* donné à ce département.

Tout ce *littoral* est formé de *côtes* ou de *rivages* très accidentés, principalement de rochers et de *falaises*, avec quelques *plages* de sable. Il est bordé de *récifs* dangereux que la marée couvre et découvre.

Au nord-ouest de la pointe Saint-Mathieu, l'*île* d'Ouessant forme avec plusieurs îlots un petit *archipel*.

Pour guider les navires pendant la nuit, on a élevé sur la côte des *phares*, hautes tours portant à leur sommet de puissants réflecteurs. Tel est le phare d'Ouessant.

Brest est un *port*, c'est-à-dire un endroit où l'on charge et décharge les navires. On y a établi des *jetées* qui entourent de larges *bassins*. Mais Brest est surtout un *port de guerre*, ce qui veut dire qu'il abrite, qu'on y construit et qu'il y arme dans son *arsenal* une partie de notre flotte militaire.

Des *forts* et des *batteries* défendent l'accès de Brest et de tout le littoral contre les navires ennemis.

2. Termes relatifs au relief.

— Une *montagne* est une masse de terre élevée; une *colline* est une petite montagne;

Fig. 12. — La rade de Brest.

Fig. 13. — Le pays de Bigorre.

un *coteau* est une petite colline.

Une *chaîne de montagnes* est une suite de montagnes reliées les unes aux autres; un *col* est un abaissement de la chaîne ouvrant un passage entre deux montagnes.

Une *vallée* est une dépression entre des montagnes ou des collines; une *plaine* est une étendue de terrain à peu près plane; un *plateau* est une plaine élevée.

Un *volcan* est une montagne qui vomit par une ou plusieurs ouvertures, appelées *cratères*, de la roche fondue ou *lave*, de la fumée, des flammes, de la cendre.

1° Exemple de haute cime : **Le Mont-Blanc** (fig. 14). — Le Mont-Blanc, la plus haute montagne de l'Europe, a 4 810 mètres d'*altitude*.

Le Mont-Blanc forme un puissant *massif* de granit dont les *cimes* ou *sommets* sont couverts de neiges éternelles. Toutefois ses *crêtes* les plus aiguës, ses *flancs* les plus abrupts, balayés par les vents, montrent le roc à nu. Les glissements d'immenses paquets de neige se nomment les *avalanches*.

Dans ses plus hautes vallées le Mont-Blanc porte des *glaciers*, véritables fleuves de glace qui se prolongent vers les vallées inférieures où ils fondent et donnent naissance aux torrents et aux rivières; le Mont-Blanc est couvert de gazons dans les régions moyennes et, plus bas, de forêts. A son *pied* se blottit, en Savoie, la petite ville de Chamonix : elle est renommée pour ses *guides* intrépides, qui escortent les *touristes* résolus à faire l'ascension difficile de la montagne.

Sur le Mont-Blanc on a installé, non sans peine, des *observatoires* où des savants étudient, pendant l'été, la température, les vents, les nuages, les pluies, les orages, etc., c'est-à-dire la *météorologie*.

2° Exemple de région accidentée : **Le pays de Bigorre** (fig. 13). — Les Pyrénées, auxquelles s'adosse le pays de Bigorre, sont moins hautes que les Alpes (point culminant, le Mont-Perdu : 3 404 mètres).

Elles ont des *marbres* très beaux.

Elles forment une *chaîne* continue. Leurs *cols* ou passages d'un versant à l'autre, nommés aussi quelquefois *ports* (portes), sont très élevés, peu accessibles. On y remarque des effondrements grandioses ou *cirques* tels que celui de Gavarnie.

En avant de la grande chaîne, au nord du col de Tourmalet, se dresse le massif imposant du *pic* du Midi de Bigorre (2 877 mètres) qui porte, lui aussi, à son sommet un observatoire. Le pic de Bigorre domine la ville de Bagnères, située au débouché de la *vallée* de Campan qu'arrose l'Adour.

Ce petit fleuve se dirige, au nord, entre des *collines* de 500 mètres environ, puis entre des *coteaux* riants. Au sortir de la vallée, il parcourt la riche *plaine* de Tarbes; il longe ensuite à l'ouest le *plateau* de Lannemezan, vaste amas de cailloux roulés, de sable et d'argile amoncelés par les torrents pyrénéens et qui, dans certaines de ses parties stériles et presque inhabitées, ressemble à un *désert*.

QUESTIONNAIRE

1. Qu'est-ce qu'une mer? — **2.** un océan? — **3.** un littoral? — **4.** une rade? — **5.** Qu'entend-on par presqu'île, isthme, golfe, baie, détroit, goulet, promontoire, cap ou pointe, falaises, plages, récifs, île, archipel, port, jetées, bassin, port de guerre, batteries? — **6.** Que signifie le mot altitude? — **7.** Expliquez les termes : massifs, crêtes, flancs, pied d'une montagne, glaciers, avalanches. **8.** Qu'est-ce que la météorologie? — **9.** Qu'est-ce qu'un volcan, un cratère, de la lave, un port dans les Pyrénées), un cirque, un coteau, un plateau, un désert?

Fig. 14. — Massif du Mont-Blanc.

3. Termes relatifs aux cours d'eau. — L'eau des pluies, des neiges, des glaces, en coulant forme des *ruisseaux* ; plusieurs ruisseaux forment une *rivière* ; plusieurs rivières, un *fleuve*.

Un fleuve est un grand *cours d'eau* se rendant directement à la mer.

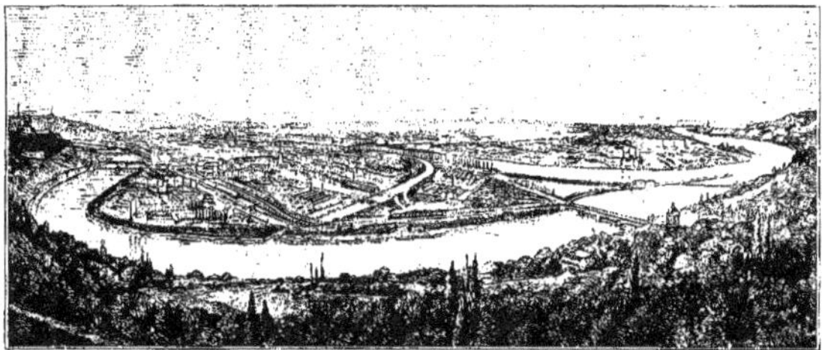

Fig. 15. — Le confluent du Rhône et de la Saône à Lyon.

Là où commence un cours d'eau est sa *source* ; là où il se jette dans la mer est son *embouchure*. Une large embouchure s'appelle *estuaire*.

Un *affluent* est un cours d'eau qui se jette dans un autre. Un *confluent* est le point où deux cours d'eau se rencontrent.

Quand on descend un cours d'eau on a à sa droite la *rive droite*, à sa gauche la *rive gauche*.

Un *bassin* est la région arrosée par un cours d'eau et par ses affluents.

Un *lac* est une étendue d'eau entourée de terre et il est le plus souvent formé par un cours d'eau.

EXEMPLE : **Le Rhône** (fig. 15). — Le Rhône, l'un des quatre grands *fleuves* de la France, est le plus impétueux.

Il prend sa *source* en Suisse, dans les neiges et les glaces du massif du Saint-Gothard. Il forme le *lac* Léman ou de Genève. Il s'ouvre un passage dans le Jura méridional, à travers des roches sous lesquelles il disparaissait autrefois : c'est ce qu'on appelait la *perte* du Rhône.

Il a pour *affluent* principal la belle et molle *rivière* de la Saône qui lui apporte les eaux de nombreux *ruisseaux* alimentés surtout par les pluies. Le *confluent* de la Saône et du Rhône est à Lyon (fig. 15).

Un *sous-affluent* du Rhône est le Doubs, *tributaire* de la Saône ; il s'est creusé un *lit* dans les plateaux et les plis du Jura central. Il forme, dans son cours supérieur, une *cascade* ou *chute* dite le *saut* du Doubs.

Sur le plateau de la Doubs, on remarque un grand nombre d'*étangs* insalubres, mais poissonneux.

Au sud de Lyon, le Rhône suit un *couloir*, tantôt resserré, tantôt élargi en riches campagnes, entre les montagnes du Dauphiné et de la Provence sur sa *rive gauche*, les monts du Vivarais et les Cévennes sur sa *rive droite*.

D'un côté comme de l'autre, il reçoit les eaux de nombreux *torrents* et de rivières *torrentielles*, telles que la Durance.

En *amont* de Lyon, le Rhône est peu navigable ; cependant il peut communiquer par bateau avec le *lac* du Bourget. En *aval* de Lyon, le fleuve est devenu navigable, grâce à de grands travaux tels que la construction de *digues*, d'*épis*, de *clayonnages*, etc. On s'y sert de bateaux spéciaux, très longs et très étroits.

L'*embouchure* du Rhône n'est pas un *estuaire* ; il se jette à la mer par plusieurs bouches : il forme ainsi un large *delta*, bordé de *lagunes*, couvert d'étangs, de *marécages*, mais aussi de pâturages et de belles cultures. C'est l'île de la Camargue.

Entre les Alpes, le Jura et les Cévennes, le Rhône, avec son *réseau* d'affluents, occupe un *bassin* très irrégulier : la *ceinture* de montagnes qui l'entoure est aussi très inégale et sépare les sources des affluents du Rhône des sources des autres cours d'eau voisins, tels que la Loire, la Seine, le Rhin, le Pô.

Le Rhône, grâce à la fonte des neiges des Alpes, coule à pleins bords en été, et son *étiage* (niveau le plus bas atteint par ses eaux) est assez élevé. Il est sujet, surtout au printemps et en automne, à des *crues* violentes qui produisent des *inondations*.

4. Termes relatifs au climat. — Le *climat* est l'ensemble des *caractères* d'une région par rapport à la température, à l'air, à l'humidité, à la lumière.

Le climat d'une région dépend :

1° De la place que cette région occupe sur la surface de la Terre, c'est-à-dire de sa *latitude* ou distance qui la sépare de l'Équateur (voir p. 7).

Plus la région sera voisine de l'Équateur, plus son climat sera *chaud*. Plus elle en sera éloignée, et plus elle sera au contraire rapprochée de l'un ou de l'autre pôle, plus son climat sera *froid*. À égale distance de l'Équateur et de l'un des pôles, il sera *tempéré*, comme l'est celui de notre pays de France.

2° De l'*exposition*. — Dans nos régions, les pentes exposées au Sud sont plus chaudes que les pentes exposées au Nord.

3° De l'*altitude*. — Plus on s'élève dans l'air, plus il fait généralement froid. Ainsi la neige ne fond pas sur les hautes cimes des Pyrénées, tandis qu'elle visite rarement les plaines des Landes et n'y tient pas.

4° Du *voisinage de la mer*. — La mer conserve toujours à peu près la même température. De la sorte, en hiver elle réchauffe, en été elle rafraîchit les pays qui l'avoisinent, et qui jouissent ainsi d'un climat très tempéré : c'est le climat *marin*, celui de la Bretagne. Au contraire, les pays éloignés de la mer sont exposés à de brusques écarts de température, à des hivers durs et à des étés relativement chauds. C'est le climat *continental*, celui de notre Lorraine.

5° *De la direction des vents*. — Ils sont, chez nous, froids du Nord et de l'Est, tièdes de l'Ouest et du Sud.

6° *Des pluies*. — De leur abondance dépend la végétation. Les pays sans pluie sont des déserts.

7° *De la lumière*. — Le soleil est nécessaire pour mûrir les fruits et les raisins en particulier.

On distingue en France plusieurs climats : du Nord, de l'Est, de l'Ouest, du Sud-Ouest, du Massif central, du Rhône et un climat particulier, le climat méditerranéen. Grâce à l'abri des Alpes, au voisinage de la mer, sur la zone étroite du rivage poussent les orangers, les palmiers, les eucalyptus.

5. Termes relatifs aux voies de communication. — On distingue :

1° Les **routes** *de terre* qui, suivant leur ordre d'importance, sont dites *nationales*, *départementales* ou *vicinales*, c'est-à-dire de *villages* ; — 2° les **canaux** dits *latéraux* lorsqu'ils sont parallèles à une rivière et la remplacent, ou *de jonction* lorsqu'ils unissent deux rivières entre elles ; — 3° les **voies ferrées**, formées de rails.

Ces rails sont établis soit sur des voies spéciales pour les chemins de fer, soit dans les rues ou sur les bords des routes pour les tramways. Depuis quelque temps circulent sur nos routes des voitures *automobiles*, sans chevaux et pourvues de divers genres de moteurs.

Les travaux nécessités par la construction des routes, canaux et voies ferrées sont : les *tranchées* et les *remblais* ; les *ponts*, les *viaducs* et les *tunnels* ; les *écluses* des canaux, les *ponts-canal*.

C'est ainsi qu'à *Liverdun*, station de la ligne de l'Est, sur la Moselle que cette ligne franchit par deux fois, et sur le canal de la Marne au Rhin qui suit la même vallée, on voit un viaduc, un tunnel, un pont-canal groupés dans un étroit espace.

QUESTIONNAIRE

1. Qu'est-ce qu'un cours d'eau ? — 2. Qu'est-ce que la source d'un fleuve ? — 3. Qu'entend-on par un lac, par un affluent, un confluent, un ruisseau, une rivière, un tributaire ; par le lit d'un cours d'eau, par une cascade, par un étang, par un couloir ? — 4. Déduisez les termes suivants : rive droite, rive gauche, amont, aval, embouchure, estuaire, delta, lagune, réseau, bassin, ceinture, ligne de partage, étiage. — 5. Qu'est-ce qu'un climat ? — 6. Expliquez l'influence de l'étendue sur le climat ? — 7. de l'exposition, de l'altitude, du voisinage de la mer, des vents, des pluies, de la lumière. — 8. Quelles sont les divers sortes de routes ? de canaux ? de voies ferrées ? — 9. Qu'est-ce qu'une automobile ? une tranchée, un remblai, un viaduc, un tunnel, un pont-canal ?

LA TERRE, LE SOLEIL ET LES ÉTOILES

1. La Terre est ronde. — Quand nous nous promenons dans la campagne, il nous semble que nous pourrions avancer ainsi indéfiniment sur un grand plateau; sauf des creux et des bosses, vallées et monts, il nous semble que la surface de la Terre se déroule sur le même plan. Mais il n'en est pas ainsi, car la **Terre est ronde.**

Un voyageur quitte Paris, s'embarque au Havre pour New-York. Il traverse l'Amérique du Nord en chemin de fer. A San-Francisco il prend le bateau pour Yokohama Japon. De là il gagne le chemin de fer transsibérien qui parcourt de part en part toute l'Asie; il continue sa route par la Russie, l'Allemagne et, sorti de Paris par la gare de l'*Ouest*, il y rentre par la gare de l'*Est*. Ainsi, en une quarantaine de jours, il a fait le **tour de la Terre.** Donc elle est ronde.

2. Antipodes. — Mais si la Terre est ronde, si elle ressemble à une *boule*, il y a donc des hommes qui marchent la tête en bas? — Entendons-nous : tous les hommes ont les pieds vers la Terre et la tête vers le ciel. Tous sont attirés, retenus à la surface du sol par une force mystérieuse qui est la *pesanteur*. Imaginez deux fourmis qui se promènent chacune sur un côté différent d'une orange, les pattes ou pieds de l'une, posés sur l'orange, sont diamétralement opposés aux pattes ou pieds de l'autre. Les deux insectes sont aux **antipodes** l'un de l'autre. Il en est de même pour les hommes, ces fourmis de la grosse boule qui est la Terre.

3. La Terre tourne. — Soyons matinal, nous verrons le Soleil se lever à l'*Est*; après avoir parcouru le ciel, il s'abaissera et disparaîtra à l'*Ouest*.

On pourrait conclure de là et on a cru longtemps que le Soleil tourne autour de la Terre. Mais ce n'est là qu'une **apparence.** *Nos sens sont souvent trompeurs.*

Deux trains sont arrêtés côte à côte sur une double voie ferrée; l'un d'eux se met en mouvement, aussitôt les voyageurs de l'autre croient que c'est leur train à eux qui marche et que le train parti le premier reste immobile; ils sont dupes d'une *illusion*.

Ce n'est pas le Soleil qui tourne autour de la Terre, c'est **la Terre qui tourne** autour du Soleil (fig. 16).

4. Le Soleil. — Le Soleil est un astre, au trement dit une *étoile*. L'astronomie est la science des astres. Les astronomes étudient les astres, dans des observatoires, au moyen de grandes lunettes qui rapprochent les distances et grossissent les objets.

Le Soleil est un astre incomparablement plus gros que la Terre. Il nous paraît de dimensions médiocres, à cause de son prodigieux éloignement.

Il est accompagné d'astres beaucoup plus petits, nommés *planètes*, qui tournent autour de lui. La Terre est une de ces planètes.

Le Soleil est un *foyer* de *chaleur* et de *lumière*. C'est lui qui nous réchauffe et nous éclaire. Sans lui notre Terre glacée, impropre à la vie, serait perpétuellement obscure et comme morte.

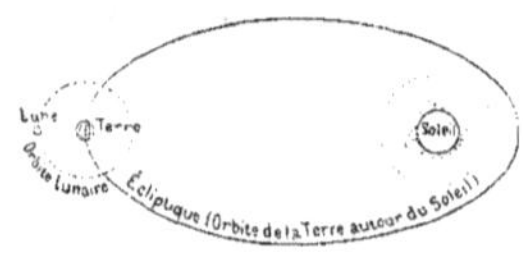

Fig. 16. — La Terre, le Soleil et la Lune.

5. La Lune. — La Lune est *quarante-neuf fois* plus petite que la Terre.

Elle tourne autour de la Terre en un mois de *vingt-neuf* jours.

Elle n'a pas de lumière propre, elle réfléchit, comme un *miroir*, la lumière du Soleil.

Ce petit astre est ce qu'on appelle le *satellite* de la Terre, c'est-à-dire le garde qui l'accompagne.

Tantôt la Lune nous présente toute sa face éclairée : la pleine lune; tantôt elle ne nous en présente qu'une partie : quartiers de la lune; tantôt elle nous présente cette même face non éclairée et elle est invisible pour nous. Ainsi s'expliquent les *divers aspects* ou phases de la Lune.

6. Les étoiles. — Avez-vous contemplé sérieusement le *ciel étoilé*? C'est un spectacle merveilleux qui nous frapperait d'étonnement et d'admiration, si nous n'étions pas habitués à le voir si souvent. Quand on sait lire dans le ciel, et quand on réfléchit, l'étonnement et l'admiration deviennent de la stupeur.

Songez donc que la Terre, qui nous paraît immense, n'est qu'un *grain de sable* à côté du Soleil et que 37 millions de lieues la séparent de lui.

Songez que le Soleil, notre roi, dont la grandeur et la puissance dépassent l'imagination, n'est lui-même qu'une *petite étoile* par rapport aux autres étoiles, ses sœurs, — une étoile de sixième grandeur.

Songez que la lumière parcourt l'espace avec une vitesse prodigieuse, qu'elle *fait* à la seconde plus de 308 000 kilomètres mille fois la distance de Paris à Dunkerque, et que l'étoile la plus rapprochée de nous met *trois ans et demi* à nous envoyer sa lumière. Quelles distances impossibles à imaginer avec nos faibles mesures terrestres!

Songez que des abîmes encore plus profonds isolent les étoiles les unes des autres, que toutes ces étoiles sont des *mondes* et que ces mondes tournent, suivent leurs routes vertigineuses, errant dans l'immensité.

Alors la contemplation du ciel étoilé vous donnera le frisson, vous dira la petitesse de l'Homme en face de l'Infini.

7. L'orientation. — L'orientation est la situation du lieu où l'on est par rapport aux points cardinaux.

Il y a plusieurs façons de s'orienter : 1° de jour, d'après le Soleil; 2° de nuit, d'après l'étoile polaire; 3° à toute heure, à l'aide de la boussole.

Le Soleil se lève à l'Est ou *Orient*, d'où le mot s'orienter et se couche à l'Ouest. En se tournant face au Soleil levant, à l'Est, on a le Nord à sa gauche, le Sud à sa droite, l'Ouest derrière soi.

L'étoile polaire fait partie d'un groupe

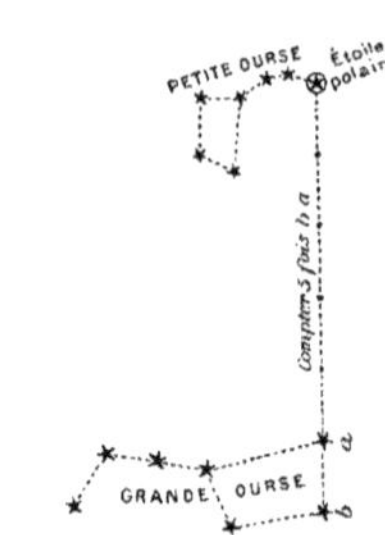

Fig. 17. — Étoile polaire, Petite Ourse et Grande Ourse

d'étoiles appelé la *Grande Ourse* : elle marque la direction du Nord (fig. 17).

La boussole est un petit instrument

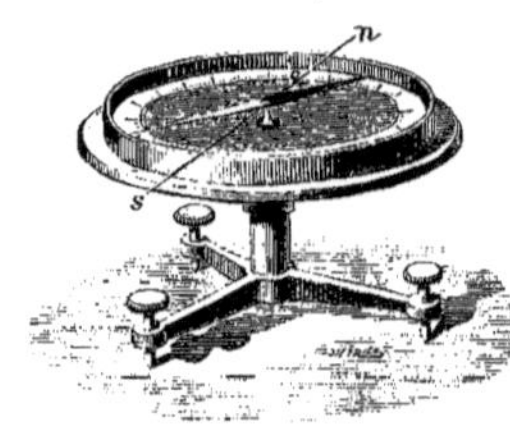

Fig. 18. — Boussole.

dont l'aiguille aimantée se tourne toujours vers le Nord (fig. 18).

Ainsi il sera facile de chercher l'orientation de la classe, puis de l'indiquer sur le plan de la classe.

QUESTIONNAIRE

1. Prouvez que la Terre est ronde. — **2.** Expliquez ce qu'on entend par les Antipodes. — **3.** Est-ce le Soleil qui tourne autour de la Terre? — **4.** Quels sont les mouvements réels de la Terre? — **5.** Que savez-vous du Soleil, de la Lune, des quartiers de la Lune, des étoiles? — **6.** Quelle est la distance de la Terre au Soleil? — **7.** Quelle est la vitesse de la lumière et combien l'étoile la plus rapprochée de nous met-elle de temps à nous envoyer sa lumière? **8.** Comment peut-on s'orienter?

LES MOUVEMENTS ET LES DIVISIONS DE LA TERRE

1. Le jour et la nuit. — Il fait *jour* quand le Soleil nous éclaire ; il fait *nuit* quand le Soleil cesse de nous éclairer.

Plaçons le globe terrestre de la classe devant la fenêtre, en pleine lumière : une moitié est *éclairée*, l'autre moitié est dans l'*ombre* (fig. 19).

Faites maintenant tourner sur lui-même le globe terrestre devant le jour de la fenêtre. De même la Terre *tourne* sur elle-même devant le Soleil. Nous voyons que, successivement, toutes les parties du globe sont visitées par la lumière ou envahies par l'ombre. Telle est la *succession* du jour et de la nuit.

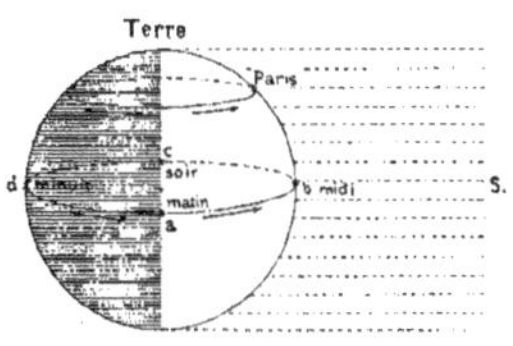

FIG. 19. — Succession des jours et des nuits.

2. Durée du jour et de la nuit. — La Terre tourne sur elle-même en un jour et une nuit ; et ce jour et cette nuit durent ensemble *vingt-quatre heures*.

Les *horloges*, les *pendules*, les *montres* indiquent la succession des heures. Leur cadran est divisé en douze parties égales que l'aiguille parcourt d'une marche régulière. Ces divisions sont tour à tour les heures du *matin* (de minuit à midi) et les heures de l'*après-midi* et du *soir* (de midi à minuit). La petite aiguille marque les heures ; la grande, les minutes.

3. L'année. — En même temps que la Terre fait un tour sur elle-même devant le Soleil, elle tourne *autour du Soleil* en décrivant une courbe ovale ou *ellipse*. Elle met environ 365 jours à décrire cette courbe, soit une année. On appelle *siècle* une durée de cent années.

Notre courte vie atteint rarement un siècle. Mais les mouvements des astres se prolongent pendant des périodes infiniment longues. Les siècles et les milliers de siècles ne comptent pas pour eux.

4. L'axe et les pôles. — Prenez une orange et une aiguille à tricoter. Vous enfoncez l'aiguille de bout en bout en passant par le centre de l'orange. Si vous faites tourner l'orange sur l'aiguille, vous représentez le mouvement quotidien de la la Terre, la rotation de la Terre.

La Terre tourne sur son *axe*, mais, bien entendu, cet axe de la Terre n'existe pas en réalité ; c'est une ligne *imaginaire* (fig. 20).

On nomme *pôles* les extrémités de l'axe.

On distingue un pôle *Nord* et un pôle *Sud*.

5. L'Équateur et les parallèles. — On a imaginé d'autres divisions du globe ou sphère terrestre, pour en faciliter l'étude (fig. 20 et 21).

La plus importante de ces divisions est l'*Équateur*, grand cercle imaginaire, coupant la Terre en deux à égale distance des deux pôles.

Équateur signifie « qui rend le partage égal ». Les deux moitiés de la Terre divi-

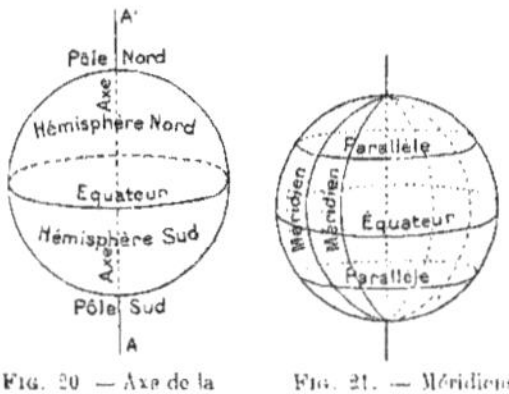

FIG. 20 — Axe de la Terre.　　　FIG. 21. — Méridiens et parallèles.

sées par l'Équateur s'appellent les *Hémisphères* (moitiés de sphère, fig. 20). Il y a un hémisphère Nord et un hémisphère Sud.

Les cercles imaginaires qu'on peut tracer à la surface de la Terre, parallèlement à l'Équateur, s'appellent des *parallèles* (fig. 21).

6. Les méridiens. — Considérons une orange dépouillée de sa peau et laissant voir ses quartiers, ou mieux encore un melon dont les côtes sont bien marquées comme celles du cantaloup. Nous apercevrons des divisions en *cercles* faisant le tour du fruit et donnant une idée des *méridiens* de la Terre (fig. 21).

Les méridiens sont des *grands cercles* passant par les deux *pôles* de la Terre.

Méridien vient de *midi*. En effet, dans la rotation de la Terre sur elle-même, chaque méridien, tour à tour, passe *devant* les rayons *verticaux* du Soleil et marque midi.

7. Latitude et longitude. — Il est aisé de voir que les méridiens d'une part, l'Équateur et les parallèles d'autre part, se rencontrent et *se coupent* à la surface de la Terre. Ils déterminent la latitude et la longitude.

La *latitude* est la distance d'un lieu à l'*Équateur*.

La *longitude* est la distance d'un lieu à l'un des *méridiens*.

La latitude et la longitude permettent de préciser la situation d'un *lieu* quelconque à la surface de la Terre (fig. 21).

Les méridiens, les parallèles, comme l'Équateur et tous les cercles, peuvent se diviser en 360 parties nommées *degrés*.

EXEMPLE. — La *source de l'Oise* se trouve sur le méridien situé à 2° à l'Est du méridien de Paris et sur le parallèle situé à 50° au nord de l'Équateur. On dira que la source de l'Oise est à 2° de *longitude Est* et à 50° de *latitude Nord*, c'est-à-dire au point marqué par le croisement des deux lignes susdites : méridien et parallèle.

8. Saisons. — Les *saisons* sont les quatre parties de l'année. Chaque saison dure trois mois.

Le *printemps* commence le 21 mars ; l'*été*, le 21 juin ; l'*automne*, le 21 septembre ; l'*hiver*, le 21 décembre.

En été sont les jours les plus *longs* ; en hiver, les plus *courts*. Deux fois par an, au printemps et en automne, la durée du jour est *égale* à celle de la nuit.

Dans nos pays, il fait plus *chaud* en été, plus *froid* en hiver ; les saisons *tempérées* sont le printemps et l'automne.

Dans les pays au sud de l'équateur au contraire l'hiver correspond à notre été et l'été à notre hiver.

9. Zones de la Terre. — Les rayons du Soleil frappent verticalement la région de l'Équateur et y versent par conséquent une chaleur considérable. Au contraire, ils effleurent obliquement les régions polaires et les réchauffent à peine. Ils échauffent modérément les régions intermédiaires.

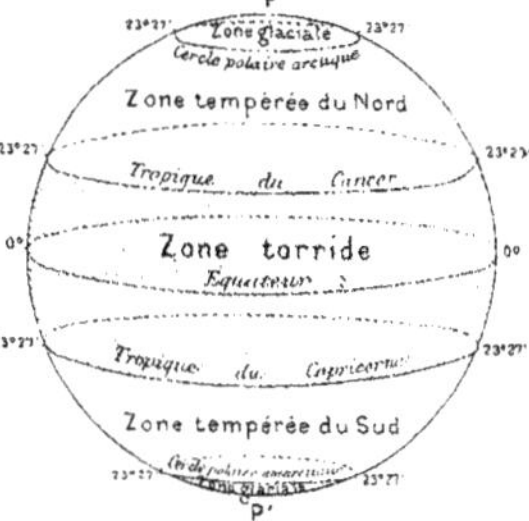

FIG. 22. — Les cinq zones terrestres.

Ainsi, on distingue à la surface de la Terre cinq grandes régions ou *zones* (fig. 22).

La zone *torride* ou très chaude, dans le voisinage de l'Équateur.

Les deux zones *tempérées*, au Nord et au Sud de la précédente.

Les deux zones *glaciales*, dans le voisinage des pôles Nord et Sud.

QUESTIONNAIRE

1. Comment expliquez-vous le jour et la nuit ? — 2. Quelle est leur durée ? — 3. Que savez-vous des horloges, pendules et montres ? — 4. Qu'est-ce qu'une année ? — 5. Qu'entendez-vous par axe ? par pôle ? — 6. Qu'est-ce que l'Équateur ? — 7. Les parallèles ? — 8. Les méridiens ? — 9. La latitude ? — 10. La longitude ? — 11. Parlez des saisons. — Expliquez les zones de la Terre.

TRAITS GÉNÉRAUX DE LA TERRE

1. Comment la Terre est faite. — La Terre se compose de *trois éléments* : 1° un *noyau* intérieur brûlant ; — 2° une *écorce* habitable ; — 3° une *atmosphère* ou enveloppe aérienne.

Nous vivons *à la surface* de la Terre, sur l'écorce terrestre. Mais cette écorce est relativement très mince. En effet, lorsqu'on descend dans un puits de mine, la chaleur augmente rapidement ; à 2000 mètres de profondeur elle est intolérable, et nous en concluons que l'*intérieur* de la Terre est brûlant. D'autre part, quand on s'élève dans l'air en ballon, l'*air* se raréfie et manque peu à peu aux poumons à 10 kilomètres de hauteur ; on périrait asphyxié. Ainsi, bien que la surface de la Terre soit vaste, nous sommes ses prisonniers.

2. Les terres et les mers. — Les mers ou océans occupent les *trois quarts* de la superficie de notre planète ; les terres n'en occupent guère qu'*un quart*.

3. L'atmosphère et les vents. — L'air qui forme l'atmosphère est rarement en équilibre. Il est presque toujours en mouvement : ces agitations de l'air sont les *vents*.

En effet, l'air est, suivant les climats, inégalement échauffé par les rayons du Soleil. L'air chaud est plus *léger* que l'air froid et il tend à monter, comme l'air d'un foyer allumé monte dans une cheminée. L'air froid est plus *lourd* et il tend à prendre la place de l'air chaud qui s'élève. C'est ainsi que l'air du dehors pénètre dans une chambre chaude par les interstices des portes et des fenêtres en formant des courants d'air. Les courants d'air qui se forment dans l'atmosphère sont les vents.

Les vents sont plus ou moins forts. On les appelle *brise* lorsqu'ils sont faibles, *cyclones*, *ouragans*, lorsqu'ils sont très violents.

4. Brise de terre et brise de mer. — La mer étant une masse d'eau, se refroidit et s'échauffe très lentement ; elle conserve, jour et nuit, à peu près *la même température*.

La terre, au contraire, s'échauffe vite, se refroidit vite. Alors, pendant le jour, la *terre est plus chaude* que la mer, et l'air frais de la mer se dirige vers le rivage : c'est la *brise de mer*.

Pendant la nuit, au contraire, la *mer est plus chaude* que la terre, et l'air refroidi de la terre se dirige vers la mer : c'est la *brise de terre*.

Ce mouvement alternatif de la brise de mer et de la brise de terre permet de comprendre la direction générale des vents sur le globe.

5. Direction générale des vents. — D'une manière générale, les vents se dirigent vers les régions de l'atmosphère où l'air est plus chaud et plus léger.

La zone principale de l'origine des vents est la *zone torride* ou *équatoriale*. Là, en effet, les rayons brûlants du Soleil échauffent l'air. Cet air s'élève et il est incessamment remplacé par des courants d'air plus frais venus des régions voisines. Ces vents réguliers qui soufflent sur le pourtour de la zone équatoriale sont les vents *alizés*.

6. Moussons. — Il existe aussi des vents périodiques qui soufflent tantôt dans un sens, tantôt dans un autre. On les appelle *moussons*.

Les moussons les plus connues sont celles de l'océan Indien. En été, l'Asie centrale est très chaude, il s'y produit un appel d'air : c'est la mousson du *Sud-Ouest*. Au contraire, pendant notre hiver, l'été règne en Afrique australe, et alors la mousson souffle du *Nord-Est*.

7. Mers et courants. — Les mers ne sont pas plus immobiles que l'atmosphère. Elles sont parcourues de *mouvements* divers. A la surface, le souffle des vents soulève des ondulations ou *vagues* plus ou moins hautes.

Sous l'influence de l'attraction de la Lune, comparable à celle d'un aimant, le niveau des mers s'élève et s'abaisse deux fois par jour. C'est ce qu'on appelle les *marées*.

Enfin, les différences de température et la persistance des vents produisent, dans les eaux des océans, des *courants* tout semblables à ceux de l'atmosphère. Les uns sont *chauds* ou plutôt *tièdes* ; ils proviennent de la zone équatoriale. Les autres sont *froids* ; ils proviennent des zones glaciales des pôles.

8. Nuages et pluies. — La pluie a pour origine l'*eau* évaporée des mers, sous forme de vapeur d'eau, et accumulée en *nuages* que poussent les vents.

Il pleut lorsque la vapeur d'eau des nuages ainsi formés se refroidit et se condense en eau, en touchant les terres ou en se heurtant aux montagnes. Il pleut surtout dans les régions montagneuses voisines des mers chaudes.

9. Plantes et déserts. — La pluie est indispensable à la *vie* des plantes. Là où il ne pleut pas, les plantes ne poussent pas. Ces régions déshéritées sont les *déserts*.

10. Les animaux et l'homme. — La mer est le grand réservoir de la *vie*. Elle est peuplée d'innombrables animaux de toute forme et de toute taille (fig. 24).

L'air est le domaine des oiseaux.

Les animaux *terrestres* et les hommes peuplent surtout les régions tempérées ou chaudes, riches en végétaux nutritifs.

Dans sa lutte contre la nature, l'homme est secondé par les animaux domestiques.

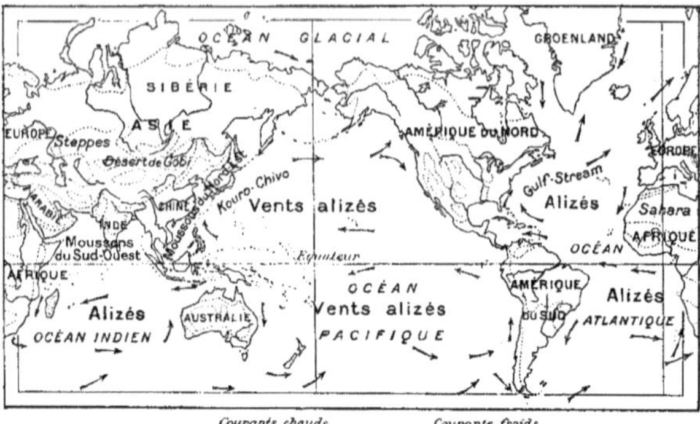

Courants chauds.   Courants froids.
[ocre] *Déserts et Toundras.*   [jaune] *Steppes, Prairies, Pampas, etc.*   [vert] *Cultures et Forêts.*

Fig. 24. — Le fond des mers.

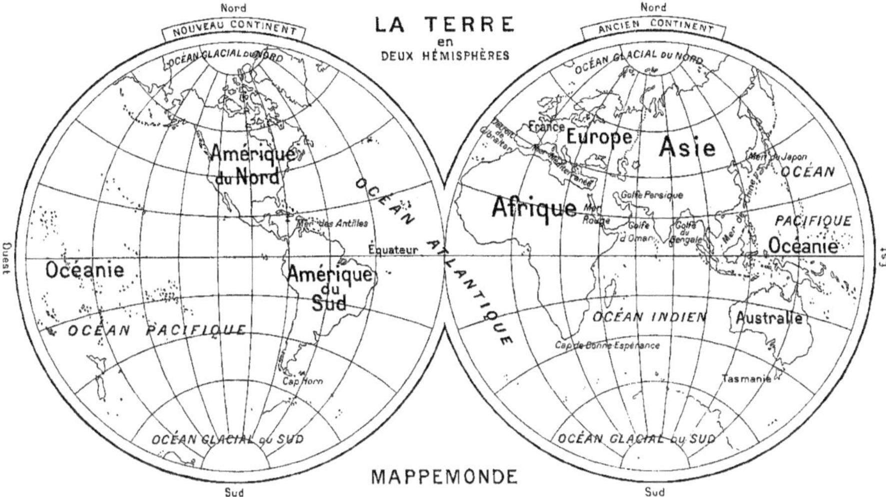

MAPPEMONDE

LES CONTINENTS

1. Les terres qui s'élèvent au-dessus du niveau des mers forment *deux grands continents* : l'ancien et le nouveau, et un *troisième* continent plus *petit*.

2. **Les parties du Monde.** — Les terres sont principalement groupées dans l'hémisphère Nord. L'ancien continent comprend trois parties du Monde : l'*Asie*, l'*Europe* et l'*Afrique*, les plus anciennement connues.

Le nouveau continent (découvert en 1492 par Christophe Colomb) forme : l'*Amérique* qui se divise en Amérique du Nord et Amérique du Sud.

Le troisième continent, de découverte également récente, est l'*Australie*, à laquelle s'ajoutent de vastes groupes d'îles et d'îlots qui forment l'*Océanie*.

3. **Superficie des parties du Monde.** — La partie du Monde la plus vaste est l'*Asie* qui mesure 45 millions de kilomètres carrés.

L'*Afrique* compte 30 millions de kilomètres carrés. l'*Europe* 10 ; l'*Amérique* 39 ; l'*Australie* (avec les îles) 9.

4. **Les océans.** — Les mers occupent principalement l'hémisphère Sud. Elles se divisent en cinq océans : — *Atlantique, Pacifique, Indien, glacial du Nord* ou arctique et *glacial du Sud* ou antarctique.

5. **L'océan Atlantique.** — L'océan Atlantique est comme une large rue ouverte entre l'ancien et le nouveau continent. Sa superficie (90 millions de kilomètres carrés) est neuf fois plus grande que celle de l'Europe. Il occupe un cinquième du globe ; il est parcouru par des courants froids venus de l'un ou l'autre pôle et par des courants chauds venus de l'Équateur tels que le *gulf stream* (prononcez : *gueulf strîme*).

Il forme deux mers intérieures : la mer *Méditerranée*, au centre de l'ancien continent ; la mer des *Antilles*, entre les deux Amériques.

D'après d'anciennes fables, un héros, Hercule, aurait ouvert un passage entre l'Europe et l'Afrique, unissant ainsi l'Océan à la Méditerranée. Ce détroit, dit des *Colonnes d'Hercule*, s'appelle aujourd'hui le détroit de Gibraltar. Sur sa rive africaine, un géant, *Atlas*, aurait été changé en montagne et condamné par les dieux à porter le Ciel sur ses épaules. Comme le mont Atlas domine le détroit qui conduit à l'Océan, l'Océan lui-même a peut-être tiré de là son nom d'océan Atlantique.

6. **L'océan Pacifique.** — L'océan Pacifique doit son nom au souffle régulier des vents alizés qui le parcourent et secondent ainsi la marche des navires.

C'est le plus *vaste* et le plus *profond* des océans. Il occupe un tiers du globe.

Le nom de Pacifique lui a été probablement donné par le navigateur Magellan qui le traversa le premier (1520-1521).

Sa largeur moyenne dépasse 10 000 kilomètres (le quart de la circonférence terrestre). Ses abîmes atteignent des fonds de près de 10 000 mètres (1 000 mètres de plus que l'altitude des plus hautes montagnes).

Il recouvre probablement un ancien continent effondré dont les îles et les îlots de l'Océanie seraient les points culminants restés hors de l'eau.

L'Asie a pour bordure à l'Est, des archipels alignés en demi-cercles. Entre ces archipels et le continent, le Pacifique alimente plusieurs mers intérieures telles que les mers du *Japon* et de *Chine*.

7. **L'océan Indien.** — L'océan Indien est ainsi nommé de l'Inde dont il baigne les rivages. Il est ouvert dans sa partie Sud aux courants froids du pôle — dans sa partie moyenne aux alizés — dans sa partie Nord, aux *moussons* dont le souffle alternatif du Sud-Ouest en été, du Nord-Est en hiver facilite les relations maritimes entre l'Asie et l'Afrique. Il forme en Asie deux grands golfes largement ouverts, les golfes du *Bengale* et d'*Oman*, et deux autres golfes étroits ou mers intérieures, le golfe *Persique* et la mer *Rouge*.

8. **Les océans polaires.** — Les océans polaires sont en grande partie couverts de *glaces* ou *banquises* qui recouvrent aussi presque toutes les terres de ces régions extrêmes.

Vers le pôle Nord s'étend l'*océan Glacial du Nord* entre les rivages et les archipels de l'Asie, de l'Europe et de l'Amérique.

Vers le pôle Sud se trouve probablement une *terre* australe que l'océan Glacial du Sud enveloppe de ses eaux.

Cette calotte terrestre est fort éloignée des trois continents qui projettent cependant vers le Sud leurs trois *pointes* : le cap de Bonne-Espérance (Afrique), le cap Horn (Amérique), la Tasmanie (Australie).

Ni l'un ni l'autre pôle n'ont encore été atteints par les explorateurs.

On pêche dans les mers polaires le phoque et la baleine ; on chasse l'ours blanc.

QUESTIONNAIRE

1. Quels sont les continents ? — 2. Quelles sont les parties du Monde ? — 3. Quelle est leur superficie ? — 4. Quelle place occupent les océans ? — 5. Décrivez l'océan Atlantique. — 6. l'océan Pacifique. — 7. l'océan Indien. — 8. les océans polaires.

DEUXIÈME PARTIE. — LES CINQ PARTIES DU MONDE

I. — L'EUROPE

EUROPE PHYSIQUE

1. La place de l'Europe dans le Monde. — Considérons le globe terrestre : l'Europe y est relativement *petite* avec sa superficie de 10 millions de kilomètres carrés ; elle est moins du quart de l'Asie, le tiers de l'Afrique, le quart environ de l'Amérique ; elle est à peine plus grande que l'Australie.

Cependant l'Europe tient une *grande* place dans le Monde, par sa puissance, par son industrie, par sa science, ses idées de justice et d'humanité, en un mot, par sa *civilisation*.

2. Sa situation. — L'Europe est le prolongement de l'Asie vers l'*Ouest*.

L'Afrique et l'Amérique sont traversées par l'Équateur.

L'Asie et l'Australie en approchent l'une et l'autre. Leur climat est ainsi en partie brûlant, tandis que l'Europe entière, située fort loin de l'Équateur, appartient à la *zone tempérée*.

Elle occupe une situation *centrale* entre l'ancien et le nouveau monde. D'un côté elle continue l'Asie et elle touche à l'Afrique, de l'autre elle fait face à l'Amérique.

3. Sa physionomie. — Au Nord, la péninsule scandinave ouvre à l'Océan ses couloirs étroits et profonds ou *fiords* (fig. 25).

Au centre, une grande *plaine* (fig. 26) qui part de la France septentrionale va

Fig. 24. — Alpes de Suisse : le Mont-Cervin, l'un des plus haut sommets des Alpes après le Mont-Blanc.

terranée par des péninsules : Espagne, Italie, Grèce. — Leur point culminant, le Mont-Blanc, n'atteint que la moitié de l'altitude de l'Himalaya (en Asie).

Au Nord comme au Sud, les rivages sont très découpés par des golfes et des *mers intérieures* : Baltique, mer du Nord, Manche, golfe de Gascogne, au Nord ; — golfe du Lion et de Gênes, Adriatique, mer Ionienne, Archipel, mer Noire, au Sud. Ainsi l'Europe est très accessible et

regarde d'un côté l'océan Atlantique, et le nouveau monde. (Il suffit aujourd'hui, pour l'atteindre, d'une traversée de six jours.) D'un autre côté, l'Europe regarde la Méditerranée.

Depuis le percement de l'isthme de Suez par un Français, de Lesseps, en 1869, la Méditerranée est devenue le grand chemin des échanges et des hommes. En effet, par Suez et par la mer Rouge, les navires partis des rivages de l'Europe peuvent se rendre directement en Extrême-Orient (Inde, Chine, Japon). Ils ne sont plus obligés de faire le tour de l'Afrique par le cap de Bonne-Espérance (route découverte à la fin du xvᵉ siècle par Vasco de Gama). En outre, la Méditerranée fait communiquer l'Europe avec l'Afrique septentrionale et nous ne saurions oublier, nous Français, qu'elle conduit en 28 heures de paquebot à cette France africaine dont Alger est la tête.

5. Variété des climats et des végétaux. — Le climat de l'Europe est en général *tempéré*. Toutefois il varie suivant les régions.

Ces régions sont très diverses : depuis l'Irlande par exemple, humide, brumeuse et verdoyante jusqu'aux steppes nues, plates et salées du fleuve Oural (Russie méridionale), ou aux montagnes sèches, lumineuses et arides de la Grèce ; depuis les glaciers nus des Alpes jusqu'aux jardins fleuris et aux palmiers de l'Andalousie (Espagne). Le climat de l'Europe ressemble à un arc-en-ciel et à ses riches couleurs.

6. Europe du Nord. — A l'extrême

Fig. 25. — Fiord norvégien.

Fig. 26. — Plaine ou Puszta de Hongrie.

en s'élargissant jusqu'aux monts Ourals et se prolonge au delà, en Asie, vers le Nord-Est.

Au Sud, s'étendent des *montagnes* dirigées de l'Ouest à l'Est et assez aisément franchissables : Pyrénées, Alpes (fig. 24), Karpathes, Balkans. Leur centre est en Suisse. Elles se terminent dans la Médi-

les navires peuvent s'y avancer jusque dans l'intérieur des terres.

Ses fleuves : Volga, Danube, Elbe, Rhin, Seine, bien que très inférieurs aux cours d'eau géants tels que l'Amazone (Amérique), le Congo (Afrique), le fleuve Bleu (Asie), sont réguliers et très navigables.

4. La Méditerranée. — L'Europe

Nord, une faible partie de l'Europe appartient à la zone *polaire*. C'est la Laponie. Les Lapons, pendant leur long hiver, vivent dans des huttes de neige durcie. Leur animal domestique est le *Renne*.

Dans la Russie septentrionale, comme aussi sur les fleuves qui descendent des Alpes scandinaves, d'énormes forêts de

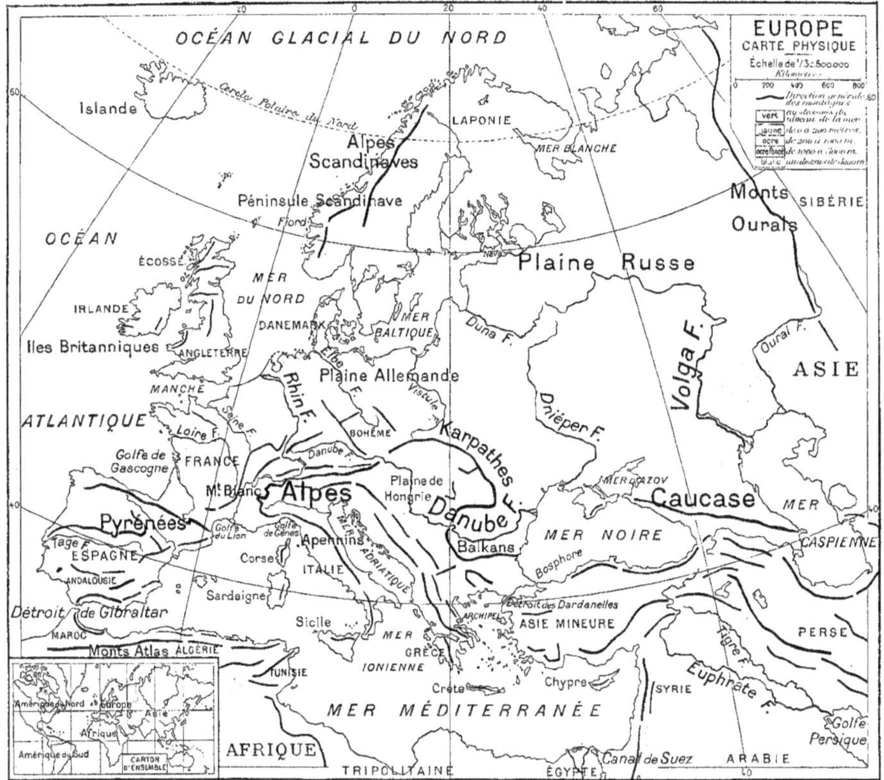

sapins épaississent leur ombre, au bord des *lacs* ou des cascades.

7. Europe centrale. — Les *plaines* et *plateaux* de l'Europe centrale ont un climat marin ou un climat continental suivant qu'elles sont voisines de la mer, comme la Belgique et l'Angleterre, ou enfoncées dans l'intérieur des terres, comme la Bohème, la plaine de Hongrie (fig. 26) et les plaines russes. Elles se prêtent à une foule de *cultures :* céréales, pommes de terre, légumes, betteraves, arbres fruitiers. Leurs prairies naturelles ou artificielles sont propres aussi à l'*élevage* du bétail : chevaux, bœufs, moutons, etc.

8. Europe méridionale. — A mesure qu'on s'avance vers le *Sud*, le climat s'adoucit et la végétation se modifie. Certains végétaux apparaissent et marquent des *zones* successives : zones de la vigne, du maïs, de l'olivier, de l'oranger.

9. Zones de végétation. — Dans notre hémisphère, plus on va vers le Nord plus on a froid : de même, dans les montagnes, plus on monte plus on a froid. Ainsi, aller vers le Nord, c'est comme grimper sur une montagne. Ainsi, s'avancer en *latitude* vers le pôle Nord, c'est comme s'élever en *altitude* vers les neiges et les glaces des hautes montagnes.

Les végétaux sont comme nous sensibles à la température ; ils sont plus ou moins frileux.

L'oranger est plus frileux que l'olivier, l'olivier que le mûrier, le mûrier que le maïs, le maïs que la vigne, la vigne que le blé, etc.

De là les *zones* de végétation. L'oranger ne pousse que sur le rivage de la Méditerranée, en Provence ; l'olivier s'avance jusqu'à Valence (vallée du Rhône) ; le chêne vert jusqu'auprès de Vienne (vallée du Rhône et de Lorient [Bretagne]) ; le mûrier jusqu'à Mâcon (vallée de la Saône) ; le maïs jusqu'à l'Alsace-Lorraine ; la vigne jusqu'aux Ardennes ; les céréales jusqu'à la Norvège septentrionale et aux environs du cercle polaire boréal.

Ce sont là des zones en latitude. On les retrouve toutes semblables en altitude sur le flanc des montagnes — des Alpes par exemple. Un voyageur partant de Nice et s'élevant vers le col de Tende (Alpes-Maritimes) voit successivement disparaître l'oranger, l'olivier, le chêne vert, le maïs, la vigne, le blé. S'il continue sa route, il rencontre d'autres zones encore, celles des forêts, puis celles des pâturages et enfin celles des mousses et des lichens, des roches nues, des neiges et des glaces.

QUESTIONNAIRE

1. Quelle est la place de l'Europe dans le monde ? — **2.** Sa superficie, sa situation ? — **3.** Quel est son climat ? — **4.** Que voit-on au Nord de l'Europe ? — **5.** au Centre ? — **6.** au Sud ? — **7.** Décrivez ses rivages. — **8.** Indiquez ses fleuves. — **9.** Que savez-vous de la Méditerranée ? — **10.** du percement de l'isthme de Suez ? — **11.** de la variété des climats de l'Europe ? — **12.** Décrivez l'Europe au Nord, au Centre, au Sud. — **13.** Expliquez les zones de végétation.

Fig. 27. — Londres. La Tamise et le Palais du Parlement.

EUROPE POLITIQUE

1. Nomenclature. — L'Europe se partage en *vingt et un États*.

au Nord :

Les **Iles Britanniques**, qui comprennent la Grande-Bretagne (Angleterre et Écosse) et l'Irlande ; la capitale des Iles Britanniques est *Londres* (fig. 27) ; — les États Scandinaves : **Danemark**, capitale *Copenhague* ; — **Suède**, capitale *Stockholm* ; — **Norvège**, capitale *Christiania*.

à l'Est :

La **Russie**, capitale *Saint-Pétersbourg* (fig. 28).

au Centre :

La **FRANCE**, capitale **PARIS** ; — la **Suisse**, capitale *Berne* ; — le **Luxembourg**, capitale *Luxembourg* ; — la **Belgique**, capitale *Bruxelles* ; — la **Hollande**, capitale *La Haye* ; — l'**Allemagne** (Prusse et autres États), capitale *Berlin* ; — l'**Autriche-Hongrie**, capitale *Vienne*.

au Sud :

Le **Portugal**, capitale *Lisbonne* ; — l'**Espagne**, capitale *Madrid* ; — l'**Italie**, capitale *Rome*.

au Sud Est, dans la péninsule des Balkans :

La **Turquie**, capitale *Constantinople* ; la **Roumanie**, capitale *Bucarest* ; la **Serbie**, capitale *Belgrade* ; le **Monténégro**, capitale *Cettigne* ; la **Bulgarie**, capitale *Sofia* ; — la **Grèce**, capitale *Athènes*.

2. Les Européens. — Les Européens ont entre eux un air de parenté si on les compare aux Jaunes d'Asie ou aux Noirs d'Afrique ou d'Océanie, et ils forment en réalité *une même grande famille*. Toutefois les diverses nations d'Europe diffèrent entre elles par la langue, la religion, le nombre, la puissance.

3. Les grands États européens. — Les grands États européens sont :

Au Nord-Ouest, le *Royaume uni de Grande-Bretagne et d'Irlande* ;

Au Centre : la *République française* et les deux empires *d'Allemagne* et *d'Autriche-Hongrie* ;

A l'Est : l'*Empire russe* ;

Au Sud : le *royaume d'Italie*.

Ces six États forment ce qu'on appelle le groupe des *grandes puissances*.

Les autres États sont secondaires.

4. Étendue. — Les domaines des peuples européens sont fort *inégaux*.

La Russie à elle seule occupe à l'Est plus de la moitié de l'Europe : 5 800 000 kil. carrés.

Puis viennent l'Allemagne, l'Autriche-Hongrie, la France, l'Espagne, ayant chacune de 5 à 600 000 kilomètres carrés ; la Suède, plus de 400 ; la Norvège, l'Italie, l'Angleterre, environ 300, etc.

5. Population européenne. — La population de l'Europe est considérable. Sur 1 milliard 1/2 d'habitants de la planète entière, elle possède 411 millions d'habitants, c'est-à-dire près du *quart de la population totale ou mondiale*.

L'Europe est moins peuplée que l'Asie (789 millions d'habitants), mais elle est la partie du monde *la plus peuplée relativement à son étendue*. Elle a 41 habitants par kilomètre carré (l'Asie 20, l'Afrique 5, l'Amérique du Nord 4, l'Amérique du Sud 2).

6. Population des États. — Les États les plus peuplés de l'Europe sont : la Russie, 113 millions d'habitants ; l'Allemagne, 60 ; l'Autriche-Hongrie, 50 ; les Iles Britanniques, 45 ; la France, 39 ; l'Italie, 34.

Si l'on considère le chiffre des habitants de chaque État *par rapport à l'étendue de ces États*, on trouve que la population de l'Europe est surtout *dense*, c'est-à-dire accumulée dans les plaines du Centre, de l'Ouest et du Sud : — en Belgique, 218 habitants par kilomètre carré ; en Hollande, 171 ; dans les Iles Britanniques, 133 ; en Italie, 118 ; en Allemagne, 112 ; en Autriche, 92 ; France, 74 ; en Hongrie, 63 ; tandis qu'à l'Est, en Russie, le plus gros État européen, on compte seulement 19 habitants par kilomètre carré.

7. Races. — Les peuples de l'Europe descendent d'ancêtres très divers ; les *mélanges* ont été si nombreux qu'il est très difficile de discerner des races parmi les Européens. D'une manière générale, ceux du Nord sont grands, blonds, avec des yeux bleus ; ceux du Sud sont petits, bruns, avec des yeux noirs.

8. Langues. — Les langues parlées en Europe peuvent être rangées en trois groupes principaux : les langues *latines*, *germaniques* et *slaves*.

1° Les langues *latines* sont ainsi nommées parce qu'elles dérivent de l'ancien latin, parent lui-même du grec. Ce sont : l'italien, le français, l'espagnol, le grec, le roumain, etc. ;

2° Les langues *germaniques* sont parlées surtout en Allemagne, en Hollande et dans la péninsule scandinave. On y rattache aussi l'anglais, bien qu'il soit en partie sorti du latin.

3° Les langues *slaves* sont parlées en Russie, en Pologne, en Bohême et dans la péninsule des Balkans.

Il y a aussi en Europe des langues d'origine asiatique, telles que le hongrois et le turc.

9. Religions. — La religion chrétienne a conquis l'Europe pendant le moyen âge. Les États du Centre et du Sud sont catholiques ; ceux du Nord, protestants ; ceux de l'Est, grecs.

Le *catholicisme* est surtout répandu en Italie, en France, en Espagne, en Irlande, en Belgique, dans une partie de l'Autriche-Hongrie, de l'Allemagne et de la Suisse.

Les diverses formes du *protestantisme* l'emportent dans l'Allemagne centrale et orientale, dans les pays scandinaves, l'Écosse, l'Angleterre, la Hollande, une partie de la Suisse.

La religion *grecque* est restée la religion des peuples de la péninsule des Balkans et de la Russie.

Les Turcs sont *musulmans*.

10. Gouvernements. — Les États d'Europe sont différemment gouvernés. — La Suisse et la France sont des *républiques*. — Il y a des *monarchies parlementaires*, c'est-à-dire des rois héréditaires et des parlements élus par la nation, en Angleterre, Belgique, Hollande, Italie, etc. C'est la forme de gouvernement la plus répandue. — L'Allemagne est une *confédération* d'États gouvernée par un empereur, maître presque absolu, et par un parlement. En Russie, le *tsar* ou empereur

Fig. 28. — Saint-Pétersbourg. La Néva et le port Nicolas.

est tout-puissant, bien qu'il soit assisté d'une chambre élue ou *Douma*.

11. Industrie et commerce. — L'Europe est *la plus active* des parties du monde. Les États-Unis de l'Amérique du Nord peuvent seuls jusqu'ici entrer en concurrence avec *l'industrie* et le *commerce* européens.

En Europe, l'Angleterre est la première des puissances industrielles. Elle l'emporte pour la production de la houille, la fabrication des tissus de coton et de laine.

L'Allemagne excelle dans la culture de la betterave, l'industrie des métaux, des produits chimiques.

La France conserve la première place pour les vins et les soieries.

La Russie, pour les céréales, le bétail.

Pour la *navigation*, l'Angleterre est de beaucoup supérieure à toutes ses rivales, *Londres* est le premier port de commerce du monde.

Les autres grands ports de l'Europe sont Liverpool et Cardiff (Angleterre), Anvers (Belgique), Hambourg (Allemagne), Rotterdam (Hollande), Marseille (France), Gênes (Italie).

Des lignes de *chemins de fer*, dont le réseau est surtout serré en Belgique, parcourent toutes les contrées de l'Europe.

Des lignes de *paquebots* mettent les grands ports en relations avec tous les rivages du globe.

12. Puissance militaire. — *Sur mer*, l'Angleterre est souveraine. Le second rang est vivement disputé par les flottes de la France, de l'Allemagne et des États-Unis d'Amérique.

Sur terre, l'Allemagne a une armée formidable. Au second rang viennent les armées de la France et de la Russie.

13. Colonies. — L'*Angleterre* est la *première puissance coloniale* du monde. Son empire s'étend sur 30 millions de kilomètres carrés (superficie égale à celle de l'Afrique entière). Il est peuplé de 350 millions d'hommes, dont 300 millions dans l'Inde seule.

Au second rang est le domaine colonial de la France. Il égale en étendue l'Europe 10 millions de kilomètres carrés ; mais il n'est que le tiers du domaine colonial anglais, pour la superficie et le huitième pour la population 43 millions d'habitants. Ensuite viennent les domaines coloniaux de la Hollande, de la Belgique, de l'Allemagne.

QUESTIONNAIRE

1. Qu'est-ce que les Européens ? 2. Quels sont les grands États de l'Europe ? 3. Les États secondaires ? 4. Quelle est l'étendue comparée des grands États ? 5. Quelle est la population de l'Europe ? 6. Celle des grands États ? 7. Que savez-vous des races de l'Europe ? 8. des langues ? 9. des religions ? 10. des gouvernements ? 11. de l'industrie et du commerce ? 12. de la navigation ? 13. de la puissance militaire ? 14. des colonies ?

FIG. 29. — CHINE. Un port fluvial sur le Yang-Tsé.

II. — ASIE.

1. Aspect général. — L'Asie, avec ses 45 millions de kilomètres carrés, est plus vaste à elle seule que le nouveau monde.

Au Nord-Est, par le détroit de *Béring*, elle approche de l'Amérique.

À l'Est, une série de mers presque *fermées* par des presqu'îles et des îles en forme de guirlandes la font communiquer avec l'océan Pacifique.

Au Sud-Est, elle se prolonge par les archipels de *l'Insulinde* jusqu'au voisinage de l'Australie.

À l'Ouest, tout *l'unit* à l'Europe.

2. Relief. — La plupart des montagnes de l'Asie, comme celles de l'Europe, s'alignent de l'Ouest à l'Est. Le relief du globe y atteint sa plus grande altitude (Himalaya : 8840 m.).

Ces montagnes enveloppent : 1° des *bassins fermés* sans écoulement vers les océans, comme la plaine du Turkestan, bassin de la mer intérieure d'Aral; 2° des hauts *plateaux*, les plus vastes du monde, tels que le Tibet; 3° des *déserts*, comme le Gobi.

3. Cours d'eau. — Les fleuves de l'Asie rayonnent de son plateau central vers les trois océans. Le plus important, le *Yang-Tsé* (fig. 29), mesure 5 300 kilomètres. Aucun de ces fleuves n'est aussi long que le Nil (Afrique) ni aussi abondant que l'Amazone (Amérique du Sud).

4. Climats. — On distingue en Asie quatre zones de climats :

1° La zone *glaciale* en Sibérie et sur les hauts plateaux;

2° La zone *continentale*, où le froid et le chaud extrêmes se succèdent avec violence, du Turkestan à la Mandchourie;

3° La zone *tempérée chaude* à l'Ouest et à l'Est, sur les bords de la Méditerranée et au Japon;

4° La zone *très chaude* ou méridionale, sèche en Arabie, très humide dans l'Inde, l'Indo-Chine et la Chine méridionale.

5. Divisions politiques. — 1° Au Nord dominent les *Russes*;

2° À l'Est, les deux grands peuples *Jaunes*, les Chinois et les Japonais;

3° Au Sud, les *Français*, chez les Annamites de l'Indo-Chine; les *Anglais*, chez les divers peuples de l'Inde;

4° À l'Ouest, les peuples *musulmans* : Perses, Arabes, Syriens, Turcs.

6. Asie russe. — Les Russes sont devenus les maîtres de la *Caucasie* où ils exploitent des puits abondants de *pétrole*.

Ils se sont avancés dans la plaine du *Turkestan* jusqu'aux plateaux du Centre; ils ont établi le chemin de fer *transcaspien*; ils ont développé dans le pays la culture du *coton*.

Ils ont dès le XVIIe siècle franchi l'Oural, soumis et colonisé la *Sibérie*, poussé jusqu'au Pacifique leur grand chemin de fer *Transsibérien*; ils exploitent des mines d'or, ils élèvent du bétail.

Les Russes gouvernent ainsi en Asie 10 millions de sujets et de colons. Leurs colonies ne sont que le prolongement de leur empire européen.

7. Asie orientale : Chine et Japon. — L'Asie orientale est peuplée de *Jaunes*, pour la plupart disciples de la religion de Bouddha et qui professent aussi le culte des ancêtres.

Jusqu'à nos jours, les Jaunes vivaient enfermés chez eux, comme endormis dans leurs vieux usages. Le Japon d'abord (1868), puis récemment la Chine se sont réveillés, armés, instruits. Il faudra désormais compter avec eux.

La **Chine** a une énorme population de 3 à 400 millions d'âmes (presque autant que l'Europe entière). Sa capitale, *Pékin*, a 1 600 000 habitants (plus de la moitié de Paris). Son grand port de *Chang-haï* est comparable à Marseille. — Le *Tibet* et la *Mongolie* sont des dépendances de la Chine.

Les Chinois sont patients, laborieux, tenaces; ils sont agriculteurs, commerçants et artistes habiles. Ils cultivent le riz, le thé; ils fabriquent la porcelaine; ils pratiquent... émigrent dans tout le Pacifique. Ils sont très attachés à leur culte des ancêtres.

Le **Japon** est un archipel comparable aux Îles Britanniques, mais plus vaste et plus peuplé. Sa capitale *Tokio* (1 800 000 h.) dépasse Pékin. Son grand port est *Yokohama*.

Les Japonais, intelligents, actifs et agiles, se sont révélés comme des soldats intrépides et d'excellents marins. Ils ont adopté les institutions et les sciences de l'Occident; ils ont vaincu les Russes en Mandchourie, conquis Formose et la Corée; ils émigrent sur tous les rivages occidentaux de l'Amérique (États-Unis, Pérou, etc.); ils prétendent à la domination du Pacifique. Leur industrie, leur commerce se développent rapidement.

8. Asie méridionale. — La partie orientale de l'Indo-Chine est une colonie récente de la France (voir p. 36). Elle est séparée par le royaume de *Siam* des possessions de l'Angleterre.

L'**Inde anglaise** est un vaste empire surpeuplé (300 millions d'hab.), d'une fertilité admirable, le plus riche des colonies anglaises.

L'Inde produit surtout des céréales, des graines à huile, du coton, du thé, de l'opium, des denrées coloniales. Elle est encore infestée d'animaux nuisibles, tels que le tigre et les serpents.

Les Hindous, pour la plupart doux et résignés, appartiennent en majorité à la vieille religion de Brahma. Les Anglais, leurs maîtres, ont créé dans l'Inde des canaux, des chemins de fer, des manufactures, des ports tels que *Calcutta*, capitale de l'Empire, *Bombay* (fig. 30), etc., des industries, des écoles. Ils s'efforcent de remédier aux *famines* causées par des sécheresses périodiques.

Il s'est formé dans l'Inde un parti de plus en plus puissant qui réclame de ses maîtres des institutions à l'européenne et un parlement autonome.

9. Asie occidentale. — Elle comprend :

1° L'*Arabie*, vaste presqu'île en grande

FIG. 30. — INDE ANGLAISE. Une rue à Bombay.

partie déserte à l'intérieur, avec *La Mecque*, ville sainte des musulmans.

Les Arabes sont des *Sémites*, comme les Syriens et les Juifs; ils sont surtout *nomades*.

2° La *Perse*, plateau fertile sur ses rebords montagneux, mais stérile au centre;

Les Persans, assez voisins des Européens par la race et la langue, ont imposé à leur souverain ou *chah* une constitution.

3° La *Turquie d'Asie* dont les principales régions sont : — la Syrie et la Palestine avec *Jérusalem*, la ville sainte des chrétiens; — la Mésopotamie arrosée par le Tigre et l'Euphrate; — l'Asie Mineure reliée à l'Europe par les îles de l'Archipel, par les détroits resserrés des Dardanelles et du Bosphore, en face de Constantinople.

Un chemin de fer dit de *Bagdad* (ville importante de Mésopotamie) doit ouvrir toutes ces contrées au commerce européen.

10. Conclusion sur l'Asie. — En résumé, l'Asie, *massive*, avec ses mers presque fermées, ses bassins fermés, ses plateaux intérieurs inhospitaliers, *manque de centre*, de communications, d'unité. Elle est divisée en grands *compartiments naturels* où des *peuples très différents* se sont établis. Les idées européennes y pénètrent peu à peu.

QUESTIONNAIRE

1. Quel est l'aspect général de l'Asie? — 2. Que savez-vous de ses montagnes? 3. de ses cours d'eau? de ses climats? 4. Quelles sont ses divisions politiques? 5. Qu'est-ce que l'Asie russe? 6. Quelle est son importance? 7. Que savez-vous de la Chine? 8. des Chinois? 9. du Japon? 10. des Japonais? 11. de l'Inde anglaise? 12. des Hindous? 13. de l'Arabie? 14. de la Perse? 15. de la Turquie d'Asie? 16. En résumé, quel est le caractère général de l'Asie?

III. — AFRIQUE

1. Physionomie générale. — L'Afrique a 30 millions de kilomètres carrés. Elle est trois fois grande comme l'Europe. Elle forme une grosse *masse compacte*, entourée d'un bourrelet de montagnes.

Quand on arrive sur la côte d'Afrique, en Guinée par exemple, on a de la peine à débarquer à cause de la hauteur des vagues, qui forment une *barre* et défendent un *rivage plat*, marécageux et malsain. Il faut ensuite gravir à travers d'épaisses forêts des terrasses escarpées. Les fleuves n'ouvrent pas de routes vers l'intérieur, car leur embouchure est obstruée de sable et de vase, leur cours est coupé de *rapides* et de chutes. Aussi l'Afrique intérieure n'a-t-elle été explorée que depuis une cinquantaine d'années.

L'Afrique est traversée vers son milieu par l'*Équateur*. Presque tout son territoire se trouve ainsi compris dans la *zone torride*. C'est seulement à ses deux extrémités Nord et Sud que le climat, bien que chaud, est tempéré.

L'Afrique reçoit sur une grande partie de ses côtes des *pluies* abondantes apportées par les *moussons*. Mais, à l'intérieur, sur de vastes espaces, elle est privée presque entièrement d'eau. Tel est son *désert* du Sahara fig. 31, le plus grand du monde.

2. Les deux plateaux africains. — Le plateau de l'Afrique se compose en réalité de *deux plateaux* : l'un au Nord, l'autre au Sud.

Le **plateau du Nord**, bordé vers la Méditerranée par les monts Atlas 4300 mètres, vers la mer Rouge par le haut massif de l'Abyssinie 4600 mètres comprend : le désert de *Sahara* et les plaines productives du *Soudan*, dont la partie la plus déprimée est occupée par le lac Tchad.

Le **plateau du Sud** se nomme aussi **plateau austral**. À son extrémité méridionale, les *massifs du Cap*, formant de larges gradins, atteignent 2700 mètres. Au Sud-Est, les montagnes côtières se développent en un vaste massif, où les monts Drakenberg dépassent 3000 mètres. À l'Est, depuis le fleuve Zambèze jusqu'au massif de l'Abyssinie, s'étendent des montagnes en partie volcaniques, où le mont Kilimandjaro se hausse jusqu'à 6130 mètres. Ces montagnes sont coupées de fentes profondes où s'accumulent des *lacs* énormes Victoria, Albert, Tanganyika, Nyassa.

3. Cours d'eau. — Les grands fleuves de l'Afrique sont : le *Nil*, le plus long du monde 6000 kil. après le Missouri-Mis-

sissipi; le *Congo*, le plus abondant du monde, après l'Amazone.

Le *Niger* 4000 kil. arrose le Soudan occidental; le *Zambèze*, qui traverse le plateau austral, est célèbre par ses chutes Victoria, supérieures en dimensions à celles du Niagara.

4. Végétaux et animaux. — Dans une partie du bassin du Congo règne la *forêt équatoriale*, obscure, humide, étouffante, impénétrable, fourmillant d'insectes. Au bord des nombreux cours d'eau de cette région habitent l'hippopotame, l'éléphant, la girafe, le rhinocéros, de grands singes chimpanzés et gorilles.

À mesure qu'on s'éloigne vers le Nord ou vers le Sud, les clairières s'ouvrent et s'étendent en champs de mil et d'arachides, en vastes pâturages, où l'on rencontre le cheval ou le zèbre, l'âne, le mouton, la chèvre, le bœuf (ou le buffle), le chameau.

Fig. 31. — La mer de sable dans le Sahara.

Au delà des déserts Sahara et Kalahari, sur les bords de la Méditerranée ou au Cap, prospèrent les céréales, la vigne, l'olivier : on se croirait en Italie ou dans la France méridionale.

5. Population. — L'Afrique est peuplée d'environ 140 millions d'habitants, presque tous indigènes (sauf les colons français, espagnols et italiens d'Algérie et de Tunisie; anglais et hollandais du Cap). Elle n'a que 5 habitants par kil. carré l'Europe 41.

Les indigènes de l'Afrique du Nord, *Arabes*, *Berbères*, etc., appartiennent à la race blanche. Des *noirs* de toute sorte habitent le reste de l'Afrique : nègres proprement dits au Soudan et au Congo; Bantous ou Cafres et Hottentots sur le plateau austral.

6. Le partage de l'Afrique. — À la suite de grands voyages d'exploration accomplis en Afrique dans la seconde moitié du XIXe siècle, les peuples européens se sont partagé presque en entier cette partie du monde. Ils n'ont laissé

indépendants que trois États : l'Abyssinie, la Tripolitaine et le Maroc.

7. Divisions politiques. — On peut répartir les pays de l'Afrique en quatre grandes régions : du Nord-Est, du Nord-Ouest, du Centre et du Sud.

8. Nord-Est Africain. — Cette région embrasse tout le bassin du Nil, avec ses dépendances. Elle est plus ou moins soumise à l'influence anglaise. On y remarque : l'**Égypte** avec sa capitale *Le Caire*, près des Pyramides, son grand port d'*Alexandrie* et le canal de Suez; — le *Soudan* égyptien sur le Haut-Nil; — l'Afrique orientale anglaise entre le lac Victoria et l'océan Indien, avec le port très actif de *Zanzibar* dans une île.

À l'Est des possessions anglaises est l'Empire indépendant d'*Abyssinie*.

Au pied de l'Abyssinie, sur le golfe d'Aden, est la petite colonie française de *Djibouti* (voir p. 36).

9. Nord-Ouest Africain. — Il s'étend le long de la Méditerranée et de l'Atlas, englobe le Sahara, le Soudan, la Guinée. La *France* y est prépondérante. Elle y occupe la *Tunisie*, y possède l'*Algérie* (voir p. 34), y surveille le *Maroc*, resté indépendant. Son empire de l'*Afrique occidentale française* groupe six colonies dont la plus importante est le *Sénégal*. Sa capitale est le port de *Dakar* (voir p. 35.) — La Tripolitaine est une province turque. — Les Anglais et les Allemands ont des possessions importantes en Guinée et sur le Bas-Niger. — Les principaux produits de ces pays sont la gomme, l'arachide, l'huile de palme, le caoutchouc, l'ivoire.

10. Centre Africain. — C'est le bassin du Congo, vaste possession belge, dont la capitale est *Boma*. Un chemin de fer conduit de l'Atlantique au cours navigable du Congo. — Cette région a été explorée par Stanley; elle produit surtout du caoutchouc et de l'ivoire. — La France a sa part dans le Congo (voir Congo français, p. 35).

11. Sud Africain. — Il a été exploré par l'Écossais *Livingstone* et il appartient en majeure partie à l'Angleterre. Toutefois les *Portugais* restés les maîtres de l'Angola et de la côte de Mozambique, les *Allemands* établis dans le Sud-Ouest (au Nord du fleuve Orange et dans la région des grands lacs de l'Est, occupent les deux revers du plateau austral.

Les possessions britanniques se grou-

pent en confédération. Elles se composent : de la *colonie du Cap*, avec le Cap (Capetown), ville ancienne, grand port de commerce; — de la colonie du *Natal* où l'élément anglais domine, sur l'océan Indien; — dans l'intérieur, des anciennes républiques *boers* ou hollandaises d'*Orange* et du *Transvaal*; — sur le Zambèze, de la *Rhodesia*, peuplée surtout d'indigènes, les nègres Bantous. — Les Anglais ont entrepris un chemin de fer du Cap au Caire. Ils exploitent de riches mines d'or et de *diamants*.

A la même région se rattachent les colonies françaises de la Réunion et de Madagascar avec les Comores (v. p. 36), et la colonie anglaise de Maurice.

12. Conclusion sur l'Afrique. —

Sauf au Nord, l'Afrique est restée longtemps inconnue. Maintenant les Européens, la France en tête, en ont pris la tutelle. Leur devoir est d'y développer le commerce, d'y combattre l'ignorance et la barbarie, d'y mettre définitivement un terme aux fléaux qui la ruinent et la dépeuplent, tels que la traite des nègres et les guerres de pillage, enfin d'y faire régner la sécurité et la justice.

QUESTIONNAIRE

1. Quelle est la physionomie générale de l'Afrique? — 2. Pourquoi est-elle peu accessible? — 3. Quel est son climat? — 4. Que savez-vous du plateau du Nord? — 5. du plateau du Sud? — 6. des cours d'eau? — 7. des végétaux? — 8. des animaux? — 9. de la population? — 10. du partage entre les peuples européens? — 11. des divisions politiques? — 12. des États du Nord-Est? — 13. des États du Nord-Ouest? — 14. du Centre? — 15. du Sud? — 16. Quel doit être le rôle des Européens et en particulier de la France en Afrique?

Fig. 32. — La culture des céréales dans l'Amérique du Nord.

IV. — CONTINENT AMÉRICAIN

1. Dessin général. — Le continent américain (quatre fois grand comme l'Europe) a 39 millions de kil. carrés. Il est formé de deux moitiés triangulaires, l'Amérique du Nord et l'Amérique du Sud reliées par l'Amérique centrale.

2. Relief. — Tandis que les hautes terres de l'ancien monde se dirigent pour la plupart de l'Ouest à l'Est, celles de l'Amérique sont orientées *du Nord au Sud*, d'un océan Glacial à l'autre.

Ses plus hautes montagnes, les montagnes Rocheuses et les Andes, longent l'océan Pacifique, et dans ces montagnes les *volcans* sont très nombreux.

AMÉRIQUE DU NORD

3. Climat et régions naturelles. — Par l'orientation de ses montagnes, monts Rocheux à l'Ouest, monts Appalaches à l'Est, l'Amérique du Nord, largement ouverte aux vents polaires et aux vents du Midi, a un *climat excessif*.

Au **Nord** s'étendent des terres glacées, puis de vastes *forêts*.

A l'**Est**, dans le bassin du Saint-Laurent, sur le bord de l'Atlantique et au sud des *Grands Lacs*, le sol fertile se prête surtout à la culture des *céréales* (fig. 32).

A l'**Ouest** s'étendent d'abord d'immenses *prairies* propres à l'élevage du bétail ; plus loin les monts Rocheux enserrent des *plateaux* arides et déserts ; enfin le rivage du Pacifique est en majeure partie humide et *tiède*.

Au **Sud**, dans le bassin méridional du Mississipi, les *plaines très chaudes* sont favorables à la culture du coton.

4. Divisions politiques. — L'Amérique du Nord se partage entre trois États.

5. Canada. — Le Canada est une confédération de provinces sous la domination anglaise. Il est aussi vaste que l'Europe, il a 6 millions d'habitants.

Deux millions sont les descendants d'anciens colons français, car le Canada, au XVIII° siècle, était notre plus belle colonie.

Montréal (268 000 hab.), centre du commerce, *Québec* surtout, sont des villes presque françaises.

6. États-Unis. — Les États-Unis sont une grande *république fédérative* composée de 45 États presque indépendants. On y parle anglais.

Les États-Unis sont aussi vastes que l'Europe. Leur *population* s'accroît rapidement grâce à de nombreux *immigrants*. Elle dépasse 80 millions d'hab. Par leur activité et leur richesse, les États-Unis se sont élevés au second *rang* des puissances (après l'Angleterre).

Ils possèdent en abondance la houille, le pétrole, les métaux ; ils produisent en quantité blé, maïs, coton, bétail ; ils fabriquent des machines ; ils entretiennent un commerce de 14 milliards (la France, 11,). Ils ont une grande flotte militaire et commerciale.

Leur grand port de **New-York** (4 millions d'hab.) sera bientôt le second du monde (après Londres). Une vingtaine de leurs villes dépassent 200 et 300 000 hab. ; *Philadelphie* 1 million 1/2 ; *Chicago* 2 millions.

7. Le Mexique est une république fédérative. Il progresse rapidement. Il a 14 millions d'hab. Il s'étend sur un *plateau* élevé dont chaque gradin a un climat différent. Il possède ainsi toute sorte de cultures (café, tabac, maïs). Il est très riche en *mines*. Sa capitale est *Mexico* (345 000 hab.). Les Mexicains, d'origine indienne et espagnole, parlent espagnol.

AMÉRIQUE CENTRALE

8. L'Amérique centrale comprend : — une série d'*isthmes*, dont le plus étroit est l'*isthme de Panama* (qu'on a entrepris de couper par un canal ; — une rangée d'*îles*, les grandes et les petites *Antilles*.

Les volcans sont nombreux, les tremblements de terre fréquents.

L'Amérique centrale produit du sucre, du café, du tabac, du cacao. Elle comprend six *républiques* d'origine espagnole.

Cuba, avec son grand port de *La Havane*, est la plus vaste des Antilles ; *Haïti* est une ancienne colonie française.

Les petites Antilles appartiennent à diverses puissances européennes.

AMÉRIQUE DU SUD

9. L'Amérique du Sud s'avance de la mer chaude des Antilles aux froides brumes du cap Horn. Elle est presque aussi étendue, mais beaucoup moins peuplée que l'Amérique du Nord. Elle a 40 millions d'hab., 2 habitants seulement par kilomètre carré : c'est presque un désert.

10. Climat et régions naturelles. — L'Amérique du Sud appartenant à l'hémisphère austral, les *climats* y sont rangés dans un *ordre inverse* à celui de l'Amérique du Nord : ils vont des pays chauds du Nord aux pays froids du Sud.

1° L'énorme bassin de l'*Amazone* (le fleuve le plus abondant du monde) est très chaud, très humide ; il est couvert de *forêts vierges*.

2° Les hautes terres du *Brésil*, sont propres à la culture de toutes les denrées coloniales.

3° Dans la chaîne gigantesque des *Andes* s'étagent tous les climats, depuis les rivages brûlants jusqu'aux glaces des hauts plateaux.

4° La région *tempérée*, fertile en céréales, s'étend surtout dans les *pampas* ou immenses plaines du Rio de la Plata.

11. Divisions politiques. — I. Au Nord, les Guyanes se partagent entre plusieurs puissances européennes.

Les autres États sont des républiques d'origine *espagnole*, notamment le *Venezuela* et la *Colombie*.

II. Au CENTRE, le vaste **Brésil** (17 millions d'hab.), est une ancienne colonie portugaise. Sa belle capitale, *Rio-de-Janeiro*, a 730 000 hab. Il est le plus grand producteur de café du monde.

III. A l'OUEST, les républiques de la chaîne des Andes possèdent des mines d'or et d'argent, cultivent la canne à sucre, le café, le cacao.

Dans la zone tropicale, l'*Équateur*, le *Pérou*, capitale *Lima* (145 000 hab.).

Dans la zone tempérée, le *Chili*, abondant en cuivre et en nitrates (engrais) ; sa capitale est *Santiago* (335 000 hab.) et son port de *Valparaiso*.

IV. Au SUD-EST, la *République Argentine* (près de 6 millions d'hab.), étend ses cultures, reçoit de nombreux émigrants,

élève de vastes troupeaux, exporte quantité de laine et de peaux. Son grand port *Buenos-Ayres* dépasse 1 million d'hab.

12. Conclusion. — Le nouveau monde, est devenu le siège d'États faits à l'image des États européens et qui croissent très vite. Les Américains du Nord aspirent à dominer tout ce nouveau Continent.

QUESTIONNAIRE

1. Quel est le dessin général du Continent américain? **2.** Quel est le climat de l'Amérique du Nord? **3.** Quelles sont ses régions naturelles? **4.** ses divisions politiques? — **5.** Que savez-vous du Canada? — **6.** des États-Unis? **7.** de leurs productions, de leurs villes? — **8.** Que savez-vous du Mexique? — **9.** de l'Amérique centrale? — **10.** de l'Amérique du Sud? **11.** Quel est le climat de l'Amérique du Sud? **12.** Quelles en sont les régions naturelles? **13.** ses divisions politiques? **14.** Que savez-vous des Guyanes, du Brésil, du Pérou, du Chili, de la République Argentine. **15.** Énumérez tous les États de l'Amérique avec leurs capitales.

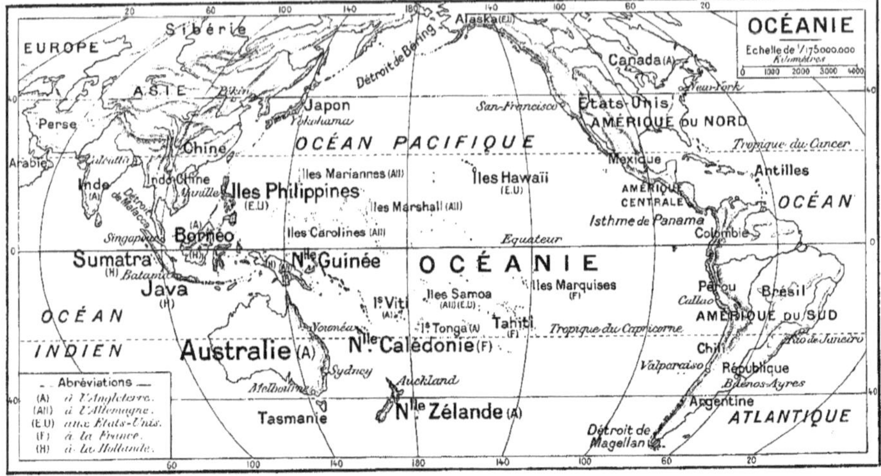

V. — OCÉANIE

1. L'Océanie comprend les îles de l'Océan Pacifique ; ces îles forment trois groupes :

1° L'*Insulinde* ou Inde insulaire ;

2° L'*Australasie* ou Asie australe ;

3° La *Polynésie* ou îles nombreuses.

2. **Insulinde**. — Prolongement de l'Asie, région équatoriale, l'Insulinde est comme une *serre chaude* où poussent des fougères grandes comme des arbres, où prospèrent les plantes à épices et les denrées coloniales riz, café, sucre, thé, tabac, poivre, girofle, cannelle , et où vivent des singes tels que l'orang-outang.

Les **Hollandais** possèdent les grandes îles de *Java, Sumatra*, les deux tiers de *Bornéo*. Ces îles ont 38 millions d'habitants, pour la plupart d'origine *malaise* et de religion musulmane. Elles sont très riches. Leur capitale est Batavia.

Les **États-Unis** possèdent le bel archipel des *Philippines*, ancienne colonie espagnole. Ces îles sont peuplées de 8 millions d'habitants, les *Tagals*, d'origine malaise, en partie catholiques. La capitale est Manille.

3. **Australasie**. — L'Australasie comprend : le continent austral ou *Australie*, presque aussi vaste que l'Europe, et une rangée orientale de grandes îles.

1. **Australie** est un plateau, sec et désert au Centre, bordé de montagnes à l'Est, tropical au Nord, tempéré vers le Sud. Il a des végétaux particuliers tels que l'*Eucalyptus* et des animaux qu'on ne trouve pas ailleurs : tel est le *Kangourou*.

Les **Anglais** ont colonisé l'Australie, qui forme (avec l'île de Tasmanie) une fédération de *six États* autonomes. Ils exploitent des mines d'*or*, élèvent de nombreux *moutons*.

Fig. 33. — Océanie. Un lac dans une des îles Viti.

Les deux grandes villes de *Sydney* et de *Melbourne* ont chacune plus de 500 000 habitants.

La *Nouvelle-Zélande*, grande comme la moitié de la France, avec 900 000 hab., est une colonie *anglaise* à part. Elle est volcanique, tempérée, fertile ; élève des moutons et des bœufs dont la viande, conservée dans des chambres froides (dites frigorifiques), à bord des navires, est exportée en Angleterre.

La *Nouvelle Calédonie* est une colonie française (voir p. 36).

La *Nouvelle-Guinée*, terre équatoriale, se partage entre les Hollandais, les Anglais et les Allemands.

4. **Polynésie**. — Les îles et îlots du Pacifique sont d'origine *volcanique*, ou édifiés par de tout petits animaux, les polypes du *corail*. Elles ont un climat très doux. Les habitants, les Polynésiens, pêchent les huîtres à *nacre* et récoltent des noix de *coco*. Ils sont intelligents, vigoureux, mais nonchalants. Leur race s'éteint peu à peu.

Les **Possesseurs de la Polynésie** sont :

— les *Anglais*, dans les îles Viti (fig 33) et Tonga ;

— les *Français*, à Tahiti, aux îles Marquises (voir p. 36) ;

— les *Allemands*, dans les îles Carolines, les Mariannes, etc. ;

— les *Américains*, dans l'archipel d'Hawaii.

QUESTIONNAIRE

1 Qu'est-ce que l'Océanie ? — 2. Qu'est-ce que l'Insulinde ? — 3. Que possèdent les Hollandais ? — 4. les États-Unis ? — 5. Qu'est-ce que l'Australasie ? — 6. L'Australie ? — 7. La fédération australienne ? — 8. Qu'est-ce que la Nouvelle-Zélande ? — 9. La Nouvelle Calédonie ? — 10. La Nouvelle Guinée ? — 11. Qu'est-ce que la Polynésie ? — 12 Quels en sont les possesseurs ?

NOTIONS GÉNÉRALES

1. La France est notre patrie. La France porte un nom doux à l'oreille et qu'on ne peut répéter sans tressaillir. La patrie aussi est un beau nom.

Qu'est-ce qu'une patrie? C'est la terre *nationale*, possession du peuple entier; la terre où nos ancêtres ont vécu où ils sont morts, où leurs os reposent.

La patrie, c'est la terre qui a été le témoin de toute notre *histoire*, de nos douleurs comme de nos joies, de nos triomphes et de nos revers.

La patrie, c'est le patrimoine commun, que notre *devoir* est de défendre, de cultiver, d'améliorer, d'embellir afin d'y travailler au progrès de l'Humanité.

Il est facile d'*aimer* sa patrie. Il est beau de savoir, au besoin, *mourir* pour elle. Mais toutes les patries sont également dignes de respect. Nous devons les honorer toutes, sauf à exiger que toutes honorent pareillement la nôtre.

2. Forme. — La France a la forme d'un *hexagone* ou figure à six côtés. Avant la guerre de 1870 l'équilibre de la figure était parfait; depuis la perte de l'Alsace-Lorraine l'un des côtés est *mutilé*.

Les angles de l'hexagone sont: au Nord, Dunkerque; — à l'Ouest, la pointe St-Mathieu; — au Sud-Ouest, l'embouchure de la Bidassoa; — au Sud, le cap Cerbère; — au Sud-Est, Menton; — au Nord-Est, le mont Donon (autrefois le confluent de la Lauter et du Rhin).

3. Étendue et dimensions. — Du Nord au Sud, en longueur, la France mesure environ *un millier de kilomètres*. Elle est légèrement plus longue que large.

Sa superficie (réduite par la perte de l'Alsace-Lorraine) est de 528 000 kilomètres carrés.

La France est la 19e partie de l'Europe, la 257e partie des terres, et seulement la 950e partie du globe entier.

4. Frontières. — La France a des limites *naturelles* du côté de la mer du Nord, de la Manche, de l'océan Atlantique et de la Méditerranée qui baignent ses rivages. Ses limites sont marquées aussi, mais seulement en gros, par la nature, du côté des massifs des Pyrénées, des Alpes et du Jura, qui nous séparent de l'Espagne, de l'Italie et de la Suisse. Ses frontières sont, au contraire, *artificielles* et conventionnelles au *Nord-Est*, du côté de l'Allemagne et de la Belgique.

5. Régions et pays. — La France est partagée en un certain nombre de régions et de pays, par la *nature du sol*, le relief, le climat, les productions, la population.

Les *régions* ont des ressemblances avec les provinces de l'ancienne monarchie. Telles sont: la Bretagne, la Champagne, l'Auvergne, la Provence.

Les *pays* sont des subdivisions naturelles des régions, des contrées plus étroites, d'une origine très ancienne, établies par l'usage et la tradition.

Chaque pays de France est pour chacun de nous, Français, ce qu'on appelle la *petite patrie*, c'est-à-dire le coin de terre où nous sommes nés, où notre famille nous a élevés, où nous avons été à l'école, où nous attachent nos souvenirs et nos affections.

6. Population. — La population actuelle de la France approche de 40 millions d'hab. Elle a eu des origines très diverses.

Dans des temps très anciens, dont l'histoire n'est pas connue, des hommes encore grossiers vivaient dans des cavernes, le long des cours d'eau, et se servaient d'armes en silex.

Les premiers habitants de la Gaule que l'on connaisse assez bien furent les *Celtes*, qui s'étendaient de la Seine à la Garonne. Il y avait des *Belges* au Nord, des *Ibères* au Sud-Ouest, des *Ligures* au Sud-Est, des *Grecs* sur les bords de la Méditerranée.

Puis vinrent les *Romains* qui occupèrent la Gaule jusqu'au Rhin et la civilisèrent. Lors de l'invasion des Barbares, les *Francs* dans le Nord, les *Alamans* et les *Burgondes* dans l'Est, les *Wisigoths* dans le Sud-Ouest, les *Arabes* dans le Sud, les *Normands* sur plusieurs de nos rivages ont laissé des traces de leur établissement. Encore aujourd'hui les traditions, les costumes des divers pays sont assez différents.

7. Langues. — Du celte et du latin se forma peu à peu une langue dite *romane* d'où est sortie la *langue française*. Elle est parlée le plus purement par les Français de la Touraine. Mais on parle encore celte en *Bretagne*, flamand dans une partie de la *Flandre* et ibère chez les *Basques*. En outre, la langue romane a donné naissance à des langues particulières ou *dialectes*, tels que le languedocien, le catalan, le provençal.

Fig. — Une Arlésienne.   Fig. — Une Bretonne.

QUESTIONNAIRE

1. Qu'est-ce pour nous que la France? **2.** Quels sont nos devoirs envers notre patrie? — **3.** Quelle est la forme de la France? **4.** Son étendue et ses dimensions? **5.** Ses frontières? **6.** Qu'entend-on par régions? **7.** par pays? — **8.** Quelle est la population de la France? **9.** Comment s'est-elle enciennée? **10.** Quelle langue parlons-nous? — **11.** Quelles sont les autres langues et les dialectes usités dans certaines parties de la France?

RELIEF DU SOL

1. Formation du relief. — Il ne faut pas s'imaginer que l'écorce terrestre soit immobile, ni immuable : elle est sans cesse *en travail*. À mesure que le noyau central de la Terre se refroidit, l'écorce s'affaisse, se plisse, se crevasse. De là des aspérités qui sont les *montagnes* et des cassures qui sont l'origine de la plupart des *vallées*.

En même temps le froid et le chaud de l'atmosphère, la pluie, la neige et la glace, la foudre émiettent les roches, abaissent les sommets ; les torrents, les fleuves entraînent, déposent, étalent les débris des montagnes, aplanissent le sol. De là les *plateaux* et les *plaines*.

2. Répartition des montagnes. — À une époque très reculée de l'histoire de la Terre, les montagnes de la France dessinaient un angle largement ouvert, ayant la forme d'un grand V. Une des branches de ce V marquait la *Bretagne* ; sa pointe était dans le *Massif central* ; l'autre branche s'étendait sur les *Vosges* et les *Ardennes*.

Ces anciennes montagnes de la France sont aujourd'hui amoindries et ruinées, surtout dans la Bretagne qui n'est plus qu'un plateau peu élevé.

Des montagnes plus jeunes se formèrent ensuite : d'abord les *Pyrénées*, puis les *Alpes* avec leur bordure, le *Jura*. Elles ont donné au relief de notre sol sa physionomie actuelle. Aujourd'hui le relief de la France présente deux parties : une partie *haute* à l'Est, au Sud-Est et au Sud ; une partie *basse* au Nord et à l'Ouest.

3. Massif central. — Le Massif central est *très vaste*. Il va du Morvan, au Nord, au seuil de Naurouze qui le sépare des Pyrénées, au Sud ; — de la vallée de la Saône et du Rhône, à l'Est, au seuil du Poitou qui le sépare, à l'Ouest, de la Gâtine, ancien prolongement des monts de Bretagne.

Il est formé d'une roche dure et imperméable, le *granit*, qui couvre tout le Limousin. En Auvergne, ce granit est en grande partie revêtu par la lave d'anciens volcans aujourd'hui éteints. Les stations d'eaux thermales y sont nombreuses ; la plus importante est Vichy.

Le Massif central est bordé au Sud-Est par la chaîne des Cévennes qui dominent de haut la plaine du Bas-Languedoc et la vallée du Rhône.

Les principaux sommets du Massif central, très inférieurs à ce qu'ils étaient autrefois, sont : le *Puy de Dôme* et la chaîne des Puys (fig. 36), le *Plomb du Cantal* ; le massif atteint son point culminant au *Puy de Sancy* (Mont Dore) qui mesure 1886 mètres.

4. Pyrénées. — Les Pyrénées forment un massif de 435 kilomètres de long, de la Méditerranée à l'océan Atlantique (golfe de Gascogne). Elles sont hérissées de pics nombreux, alignés en *murailles* parallèles. Elles sont abruptes, humides, au Nord, du côté de la France, plus sèches au Sud, vers l'Espagne. Elles ont peu de glaciers. On y rencontre du marbre et beaucoup de stations *d'eaux thermales* : Luchon, Cauterets, Barèges, Bagnères. La chaîne des Pyrénées est coupée de vallées transversales que les torrents ont creusées et qui ont pour origine des *cirques* et des *cols*. Mais ces cols ou ports sont très élevés et peu accessibles : ce n'est qu'à leurs deux extrémités que les Pyrénées sont aisément franchissables.

Le point culminant des Pyrénées est le pic de *Néthou* qui atteint 3404 mètres.

5. Alpes. — Les Alpes forment un massif très épais et très étendu, vers le centre de l'Europe occidentale. Les *Alpes françaises* n'en sont qu'une partie.

Les Alpes françaises décrivent un arc

Fig. 36. — La chaîne des Puys.

de cercle entre la France et l'Italie.

C'est un chaos de chaînes et de chaînons qui s'entre-croisent, de larges *blocs* et de *pics* aigus. Elles sont abruptes vers l'Italie ; au contraire, vers la France, elles *s'abaissent* lentement jusqu'à la vallée du Rhône et à la Méditerranée.

Elles sont parcourues, du Nord au Sud et de l'Ouest à l'Est, par des vallées profondes qui aboutissent à des *cols peu élevés* et assez aisément franchissables, comme le col du Mont-Cenis.

La grande chaîne des Alpes françaises est formée surtout de *granit* ; les chaînes secondaires, situées à l'Ouest, sont surtout formées de *craie* et de rochers *calcaires* qui servent à la fabrication de la chaux et du ciment.

Le point culminant des Alpes et de toute l'Europe est le *Mont-Blanc* qui s'élève jusqu'à 4810 mètres.

Les Alpes de *Savoie* et du *Dauphiné* sont couvertes de belles forêts et de vastes prairies ; elles possèdent de nombreux glaciers, surtout dans le Pelvoux, des eaux thermales célèbres (Aix-les-Bains).

Les Alpes de *Provence* sont ravinées par les torrents et en grande partie dénudées.

La *Corse*, débris d'un ancien continent effondré, qui comprenait aussi le massif des Maures dans le sud de la Provence, a de belles montagnes qui atteignent 2710 mètres.

6. Jura. — Le Jura est une région de *plis de terrain* refoulés par les Alpes, lors de leur soulèvement. Cette région est comparable à une draperie étalée à terre et plissée. Entre ces plis s'ouvrent des cassures profondes ou *cluses*.

C'est un pays *calcaire*. Il possède des forêts, des pâturages, des sources claires, des vallons encaissés, des lacs. Son point culminant, le *Crêt de la Neige*, a 1723 mètres.

7. Vosges et Ardennes. — Entre le Morvan, plate-forme avancée du Massif central, et les Vosges s'ouvre une dépression dite *porte de Bourgogne*, en partie comblée par les hautes collines de la *Côte-d'Or* et le plateau de *Langres*.

Les *Vosges*, verdoyantes et belles, bordent le plateau lorrain vers l'Alsace et la vallée du Rhin. Plusieurs de leurs sommets sont arrondis en forme de ballons. Elles ne dépassent guère 1400 mètres.

Les *Ardennes*, débris d'anciennes montagnes, ont au maximum 500 mètres. Leurs plateaux sont boisés et marécageux.

8. Hauteurs de l'Ouest. — Dans sa partie basse la France ne présente que des hauteurs médiocres : les collines de *Normandie* dont le principal sommet est d'environ 400 mètres, les monts de *Bretagne* qui n'atteignent même pas ce chiffre, les collines du *Poitou* ou *Gâtine* inférieures à 300 mètres.

9. Plaines et vallées. — Entre les montagnes et les plateaux s'étendent des *dépressions* qui sont les plaines et les vallées.

1° La principale dépression est le *bassin de Paris* qui comprend les plaines d'Ile-de-France, de Picardie, de Normandie, d'Orléanais, de Champagne.

2° Au Nord se déroulent les plaines de *Flandre* ;

3° À l'Ouest, la vallée et les plaines de la *basse Loire* ;

4° Au Sud-Ouest, la plaine et la vallée de la *Garonne* ;

5° Au Sud, la plaine du *Bas-Languedoc*;

6° Au Sud-Est, les vallées de la *Saône* et du *Rhône*;

7° A l'Est, le plateau de *Lorraine*.

LES CÔTES DE FRANCE

10. Dessin des rivages. — Le niveau des eaux marines *dessine* sur le relief des terres le tracé des *rivages*, et ce relief se prolonge sous la surface de la mer.

Ainsi une *plaine* donne un rivage droit, plat et bas, comme en Flandre, dans les Landes ou en Languedoc.

Un *plateau* crayeux donne des *falaises* rongées par la mer, comme dans le pays de Caux ou dans les Charentes.

Des promontoires *rocheux* comme en Bretagne, en Provence ou en Corse, donnent des côtes escarpées et profondément découpées.

11. Action des courants marins. — Le dessin des rivages n'est pas immuable. D'une part, les courants marins émoussent et rongent les pointes rocheuses et, d'autre part, ils déposent des alluvions dans les baies et les comblent.

12. Côtes de la mer du Nord. — La plaine de Flandre, plate et basse, dessine un rivage droit, sablonneux, bordé de petites dunes. On y a creusé les ports de **Dunkerque** et de *Calais*.

13. Côtes de la Manche. — Le petit massif du Boulonnais projette sur le Pas de Calais les falaises du cap Gris-Nez et abrite le port de **Boulogne**.

Au delà de l'estuaire envasé de la Somme, le pays de Caux, rongé par les flots, dresse ses falaises crayeuses qui dominent les ports de **Dieppe**, **Rouen** et le **Havre**.

La riche plaine de Basse-Normandie est bordée par les roches éparses du Calvados.

La presqu'île granitique et résistante du Cotentin s'avance comme un môle, protégé au nord par le port militaire de *Cherbourg*.

Le massif breton avec ses schistes et ses granits, ses archipels, ses innombrables récifs et îlots rongés par la mer, a des rivages très découpés, des ports naturels nombreux, tels que *Saint-Malo*.

14. Côtes de l'Atlantique. — Sur l'Atlantique s'ouvre la rade de **Brest** (voir p. 4) et s'étend la Bretagne méridionale, plus basse et moins accidentée que celle du Nord. Ses principaux ports sont *Lorient*, port militaire, et sur la basse Loire **Nantes** et **Saint-Nazaire**.

De l'embouchure de la Loire à l'estuaire de la Gironde les plaines de l'intérieur se prolongent en rivages généralement plats et encombrés d'alluvions, surtout dans le marais poitevin. Les ports principaux sont *La Rochelle* et, sur la Charente, *Rochefort*, port militaire.

Sur la Garonne est le port de **Bordeaux**. Entre la pointe de Grave à l'entrée de la Gironde et l'embouchure de l'Adour, la plaine des Landes allonge une côte inhospitalière toute droite et bordée de hautes dunes dont le bourrelet retient et accumule les eaux de l'intérieur en *étangs*.

Au sud de l'Adour et de *Bayonne* commence la région des Pyrénées, le sol se relève et dès *Biarritz* le rivage est formé de falaises argileuses.

15. Côtes de la Méditerranée. — Tout d'abord la chaîne orientale des Pyrénées découpe une côte rocheuse ou s'abrite *Port-Vendres*. Puis, sur le pourtour du golfe du Lion, la plaine du Bas-Languedoc étale des rivages plats, marécageux, longés d'étangs, comme celui de Thau qui débouche à *Cette*.

Au delà du delta du Rhône commence une tout autre région, celle des montagnes de Provence qui dessinent sur la Méditerranée de nombreux promontoires rocheux, des baies profondes ou *calanques*. Les ports y sont nombreux : **Marseille**, **Toulon**, *Antibes*, *Nice*, *Villefranche*.

La Corse très découpée aussi, à cause du relief abrupt de ses montagnes, a pour ports principaux : *Bastia* et *Ajaccio*.

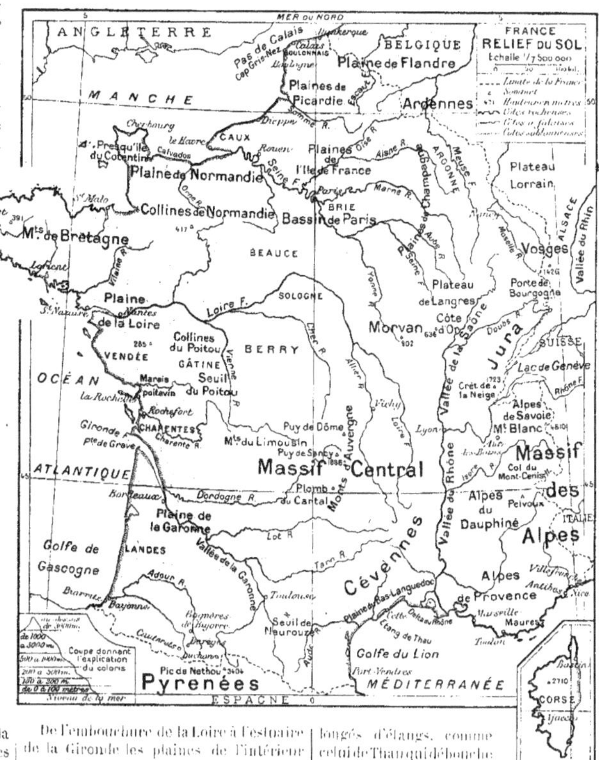

LES EAUX COURANTES

1. Comment se forment les cours d'eau. — Regardez une rue quand il pleut. L'eau descend des toits des maisons, *ruisselle* sur les trottoirs et sur les pavés, s'amasse dans les ruisseaux et s'écoule. De même la *pluie* alimente les cours d'eau.

Les cours d'eau fleuves et rivières, sont de grands ruisseaux qui recueillent les eaux des régions qu'ils traversent : les eaux de pluie qui ruissellent à la *surface*, et aussi l'eau des *sources* qui elle-même provient des pluies infiltrées dans le sol.

Les cours d'eau recueillent encore l'eau de la *neige* fondue et l'eau des *glaciers* des montagnes : car les glaciers, en été, fondent peu à peu par le pied, dans leurs parties les plus basses, exposées à une température plus douce.

Lorsque les cours d'eau roulent sur des terrains *imperméables*, c'est-à-dire compacts et sans fissures, comme le granit, ils reçoivent toute l'eau de la région fournie par ces terrains. Cette eau coule à la surface, sans se perdre.

Lorsque les cours d'eau au contraire traversent une région formée de terrains *perméables* comme la craie, c'est-à-dire poreux et criblés de petits trous, ils ne reçoivent qu'une partie des eaux de cette région, parce que le reste s'infiltre dans le sol.

Si la pente d'un cours d'eau est *rapide*, il se précipite avec force et ronge son lit. Si au contraire la pente du cours d'eau est *faible*, il ne s'avance qu'avec lenteur et dépose sur ses rives les cailloux, le sable et la vase qu'il entraînait.

Un cours d'eau qui reçoit tout à coup beaucoup d'eau dans une région élevée, grossit très vite et *déborde* dans la région basse où il arrive. C'est ce qu'on appelle une *inondation*.

2. Versants. — Le sol de la France est incliné dans deux grandes directions que suivent les eaux : 1° au Nord-Est, au Nord, à l'Ouest, au Sud-Ouest, les eaux suivent une pente qui les conduit à la *mer du Nord*, à la *Manche* et à l'*océan Atlantique*; — 2° au Sud et au Sud-Est, les eaux suivent une pente inverse qui les dirige vers la *Méditerranée*.

3. Réseaux et bassins. — Un certain nombre de cours d'eau, en se réunissant comme les branches d'un arbre, forment un *fleuve* qui en est le tronc commun.

Un fleuve, avec tous les affluents qu'il reçoit, forme un *réseau*.

L'ensemble des terrains arrosés par un fleuve et par ses affluents forme un *bassin*.

Les bassins peuvent être entourés de hauteurs très inégales. Les cours d'eau appartenant à des réseaux différents prennent souvent naissance sur des plateaux bas où ils entremêlent leurs sources. Ainsi entre Paris sur la Seine et Orléans sur la Loire on n'aperçoit qu'un pays plat. De même pour les Landes, entre la Garonne et l'Adour.

Il a suffi d'un très faible accident de terrain, d'une très faible pente pour entraîner les eaux d'un côté ou de l'autre.

4. Fleuves de France. — Les quatre grands fleuves de France sont : la *Seine*, la *Loire*, la *Garonne* et le *Rhône*.

Depuis 1870, elle ne touche plus au *Rhin* et ne possède que le cours supérieur de quelques-uns de ses affluents.

Il y a en France plusieurs *petits fleuves*; on les nomme aussi *rivières*, à cause de leur faible importance.

5. Affluents de la mer du Nord. — Sur ce versant, nous possédons : 1° le cours supérieur de deux affluents du Rhin : la *Moselle* qui descend des Vosges et reçoit la Meurthe ; la *Meuse* qui coule d'abord entre les *Côtes de Meuse* et l'Argonne, arrose Verdun, Mézières-Charleville, trône le plateau des Ardennes et reçoit la Sambre ; — 2° le cours supérieur de l'Escaut qui arrose les plaines de Flandre et reçoit la Lys.

FIG. 37. — La Seine à Rouen.

6. Rivières de Picardie. — Elles se dirigent à l'Ouest vers la Manche. La principale est la *Somme* dont la vallée est formée d'immenses tourbières; née vers Saint-Quentin, elle arrose Amiens.

7. Bassin de la Seine. — Ce bassin ressemble à une cuvette à bords peu relevés et assez réguliers : il n'est séparé des bassins voisins par aucun obstacle important.

La Seine descend du plateau de Langres dont l'altitude est faible ; elle traverse des terrains perméables qui absorbent l'eau des pluies et ne la cèdent que peu à peu au fleuve et à ses affluents. Aussi le cours de la Seine est-il paisible ; elle arrose le cœur de la France ; elle décrit des courbes nombreuses avant de se jeter dans la Manche par une vaste embouchure.

Elle arrose Troyes, Melun, Paris, Rouen (fig. 37) et le Havre.

Elle reçoit à droite : l'*Aube*, la *Marne*, l'*Oise*, grossie de l'*Aisne*, rivières tranquilles; à gauche : l'*Yonne*, plus rapide qui vient du Morvan, le *Loing* et l'*Eure*.

8. Rivières de Normandie. — Elles coulent du Sud au Nord, vers la Manche. La principale est l'*Orne*.

9. Rivières de Bretagne. — Elles rayonnent vers la Manche et l'Atlantique et s'ouvrent, bien que très courtes, par de larges estuaires. Les principales sont : la *Rance*, l'*Aulne*, l'*Odet*, le *Blavet* et la *Vilaine*.

10. Bassin de la Loire. — Le bassin de la Loire ressemble à un croissant très irrégulier.

La *Loire* sort des Cévennes à 1 500 mètres d'altitude. Elle est d'abord un torrent. Elle s'apaise dans son cours moyen, s'encombre d'îles, décrit un grand coude, se détourne à l'Ouest vers l'Atlantique.

Elle arrose Nevers, Orléans, Blois, Tours, Nantes, Saint-Nazaire.

Son cours supérieur a une pente très rapide. L'eau des pluies y coule sur des terrains compacts et dénudés ; elle se précipite, s'accumule dans les plaines que traverse son cours moyen et y cause des inondations fréquentes, trop souvent désastreuses.

Elle a pour affluents, à droite, la courte *Nièvre*, la *Maine* paresseuse formée de la Mayenne, de la Sarthe et du Loir ; à gauche, le rapide *Allier*, le petit *Loiret*, le *Cher*, l'*Indre*, la *Vienne* grossie de la Creuse, tous cours d'eau issus du Massif central, et la *Sèvre nantaise*.

11. Rivières du Poitou. — Leur direction générale est vers l'Ouest. Elles parcourent un pays plat. Les principales sont la *Sèvre niortaise* et la *Charente* qui arrose Angoulême.

12. Bassin de la Garonne. — Il s'étend entre le Massif central et les Pyrénées.

La *Garonne* prend naissance dans les Pyrénées, au Val d'Aran, à 1 800 mètres d'altitude. Elle se dirige au nord-ouest puis au nord-est et, parvenue dans la plaine, elle reprend et garde sa direction du nord-ouest. Unie à la *Dordogne* elle prend le nom de *Gironde* et par un grand estuaire se jette dans l'océan Atlantique.

Elle arrose Toulouse, Agen, Bordeaux.

Elle reçoit : à droite, le *Tarn* dont les gorges profondes entaillent les Causses, et son affluent l'*Aveyron*, le *Lot*, la *Dordogne* qui a pour affluent la *Vézère* grossie de la Corrèze et l'*Isle*; à gauche : les rivières qui sillonnent le plateau de Lannemezan, le *Gers*, la *Baïse*.

La Garonne déborde souvent dans son cours moyen.

13. Adour. — Il recueille les eaux des Landes et des torrents ou *gaves* des Pyrénées occidentales, notamment le *Gave de Pau*. Il se jette dans le golfe de Gascogne.

14. Rivières du golfe du Lion. —

Ce sont de courts torrents qui descendent des Pyrénées orientales comme l'*Aude*, et des Cévennes comme l'*Hérault*.

15. Bassin du Rhône. —

Ce bassin est encore plus irrégulier que celui de la Loire.

Le **Rhône** naît en Suisse dans le massif du Saint-Gothard, à 1700 m. de hauteur, et forme le lac de Genève. Il traverse ensuite le Jura. C'est le plus rapide des fleuves de France; il se jette dans la Méditerranée par un delta.

Il arrose Lyon, Valence, Avignon.

Il reçoit à droite : l'*Ain*; la *Saône* paisible, grossie du *Doubs* qui vient du Jura, et les torrents des Cévennes, tels que l'*Ardèche* et le *Gard*; — à gauche, les rivières torrentielles des Alpes de Savoie et du Dauphiné : l'*Isère* grossie du *Drac*, la *Drôme* et la *Durance* grossie du *Verdon*.

16. Rivières de Provence. —

Elles sont courtes et impétueuses, tarissent presque en été. Les principales sont : l'*Argens* et le *Var*.

CANAUX

17. Les canaux sont des rivières artificielles creusées par la main des hommes : ils sont destinés à unir entre elles des rivières navigables.

Ils servent généralement à faire communiquer deux rivières coulant en sens différent suivant des pentes opposées. Ils doivent donc gravir et redescendre ces deux pentes par des escaliers qui sont les *écluses* (fig. 38). Chaque marche de l'escalier est une écluse ou double porte qui empêche l'eau du canal de s'écouler au niveau inférieur. Ces portes ne s'ouvrent que tout juste pour faire passer les bateaux d'un niveau à l'autre.

Les canaux sont alimentés, à leur point de partage et en diverses parties de leur parcours, par des *réservoirs* artificiels creusés ou fermés par des barrages.

18. Canaux du Nord. —

La plupart des rivières du Nord, *Sambre*, *Escaut*, *Lys*, *Somme*, *Oise* sont navigables et communiquent entre elles par des canaux qui relient Paris à la mer du Nord.

Ces canaux sont :

Les canaux de Flandre; le canal de Saint-Quentin, le canal de la Sambre et celui des Ardennes.

19. Canaux de l'Est. —

Les canaux de l'Est unissent la Seine et Paris au Rhin par la *Marne*; la Seine et Paris

à la Saône par la *Bourgogne*; le Rhône au Rhin par la Saône, le Doubs et le *seuil de Belfort*; la Marne à la Saône;

Fig. 38. — Une écluse.

la Moselle à la Saône; le Doubs à la Saône.

Ces canaux sont :

Le canal de la Marne au Rhin; le canal de Bourgogne; le canal du Rhône au Rhin; le canal de la Marne à la Saône; le canal de l'Est; le canal du Doubs à la Saône.

20. Canaux du Centre et du Midi. —

Ils relient Paris et la Seine à la Loire par le Loing; la Saône à la Loire; la Garonne à la Méditerranée par le seuil de Naurouze.

Ce sont les canaux du Centre et les canaux du Midi.

QUESTIONNAIRE

1. Que deviennent les eaux de pluie? — 2. Comment se forment les cours d'eau? — 3. Que se passe-t-il quand l'eau coule sur des terrains imperméables? 4. perméables? — 5. Quand la pente est faible? — rapide? — 6. Quels sont les versants du sol de la France? — 7. Qu'est-ce qu'un réseau? — 8. un bassin? — 9. Quels sont les fleuves de France? — 10. Que savez-vous des affluents de la mer du Nord? — 11. des rivières de Picardie? — 12. du bassin de la Seine? — 13. des rivières de Normandie? — 14. de Bretagne? — 15. du bassin de la Loire? — 16. des rivières du Poitou? — 17. de l'Adour? — 18. des rivières du golfe du Lion? — 19. des rivières de Provence? — 20. Qu'est-ce que les canaux? — 21. Qu'est-ce que les écluses? — 22. Quels sont les principaux canaux du Nord? — 23. de l'Est? — 24. du Centre et du Midi?

LES DIVISIONS DU SOL FRANÇAIS

Il est bon de s'habituer : à grouper les départements par grandes **RÉGIONS NATU-RELLES** ; — à les comparer avec les *provinces* et les *pays* ; — à se rendre compte de l'importance qu'ont les villes, en dehors de leur rang administratif, d'après le chiffre de leur *population*.

On peut distinguer en France 12 **GRANDES RÉGIONS** naturelles qui comprennent les 86 **départements**.

Il y a : 14 villes ayant plus de 100 000 hab. — Ex. Lille ; 30 villes ayant de 100 000 à 40 000. Ex. Dunkerque ; une centaine de villes ayant de 40 000 à 25 000 hab. Ex. Valenciennes.

Il y a 18 chefs-lieux de département ayant seulement de 15 000 à 7 000 hab.

I. — PLAINES DU NORD

Les villes principales sont rangées par ordre d'importance d'après le chiffre de la population.

DESCRIPTION. — Cette région plate, sauf le petit massif du Boulonnais et le talus du plateau de l'Artois, est brumeuse en hiver, très fertile, surtout en *betteraves*, très peuplée, très active. C'est la plus *industrielle* de toute la France. On y voit de tous côtés des lignes ferrées, des routes pavées, des canaux, des *usines*, des cheminées qui fument, ainsi que les amas de débris et les puits des mines de *houille*.

Elles correspondent à trois départements :

Nord (Flandre). Chef-lieu : **LILLE**, place forte, grand centre industriel pour la métallurgie et les toiles ; peuplée de plus de 200 000 hab. Si on y joint les villes de sa banlieue : **ROUBAIX**, 120 000 hab., qui fabrique des lainages ; **Tourcoing**, 80 000 hab. ; *Croix, Armentières, Halluin, Wattrelos*, etc. Lille forme une agglomération d'un demi-million d'hommes, comparable à Lyon et à Marseille.

Villes principales : **Dunkerque**, le troisième port de commerce de France ; Bailleul ; *Douai, Valenciennes, Hainaut et Denain*, mines de houille ; *Cambrai ; Maubeuge*, place forte ; *Fourmies ;* tous centres industriels.

Pas-de-Calais (Artois et Picardie). Ch.-l. : **Arras**. V. pr. : **Calais**, port de commerce ; **Boulogne-sur-Mer** (Boulonnais), le cinquième port de commerce ; *Lens* et *Liévin*, mines de houille ; *Saint-Omer*.

Somme (Picardie). Ch.-l. **Amiens**, centre industriel, cathédrale. V. pr. : *Abbeville, Doullens*.

II. — PLAINES DE PARIS ET DE CHAMPAGNE

DESCRIPTION. — Cette région, groupée autour de Paris, est industrielle vers le Nord, mais partout et surtout *agricole*. Elle a de belles forêts, de larges vallées, de riches plaines, fertiles en *blé*, des sites pittoresques, des cathédrales, des châteaux célèbres. Elle a été le *berceau* de la nation française.

Dix départements :

Oise (Ile-de-France). Ch.-l. *Beauvais*. V. pr. : *Compiègne*, château et forêt.

Aisne (Picardie et Ile-de-France). Ch.-l. *Laon*. V. pr. : **Saint-Quentin** (Vermandois), tissages ; Soissons.

Marne (Champagne). Ch.-l. *Châlons-sur-Marne*. V. pr. : **REIMS**, grand centre industriel, cathédrale ; *Épernay*, vins de Champagne.

Haute-Marne (Champagne). Ch.-l. *Chaumont* (plateau de Langres).

Aube (Champagne). Ch.-l. **Troyes**, centre industriel.

Yonne (Champagne et Bourgogne). Ch.-l. *Auxerre* ; V. pr. : *Sens*, cathédrale.

Seine-et-Marne (Ile-de-France). Ch.-l. *Melun* (Brie). V. pr. : *Fontainebleau*, château et forêt.

Seine-et-Oise (Ile-de-France). Ch.-l. **Versailles**, château historique. V. pr. : Rambouillet, château et forêt.

Eure-et-Loir (Orléanais). Ch.-l. *Chartres* (Beauce), cathédrale.

Seine. Ch.-l. **PARIS** (voir plus loin).

II bis. — PARIS

PARIS, capitale de la France, est peuplé de 2 763 000 habitants. C'est après Londres la plus grande cité de l'Europe, et après Londres et New-York, la troisième du monde.

Paris a pour ceinture une *banlieue* de villes importantes qui font corps avec lui et portent la population de l'*agglomération parisienne* à 3 millions et demi au moins.

Celles de ces villes qui ont de 60 000 à 40 000 hab. sont : **Saint-Denis, Levallois-Perret, Boulogne-sur-Seine**, — de 40 000 à 30 000 : *Clichy, Neuilly, Saint-Ouen, Montreuil-sous-Bois, Vincennes, Asnières, Aubervilliers*.

Paris, environné de *forts*, est un vaste *camp retranché*.

C'est le *siège du gouvernement de* la République. Il abonde en *monuments* admirables : arcs de triomphe, églises, palais, fontaines, musées, théâtres ; en *jardins* publics, en statues, en somptueuses demeures, en riches *magasins*.

Il possède toutes sortes d'*industries* ; ses gares aboutissent presque toutes les *voies ferrées*.

Son *port* fluvial est le plus important de la France. Enfin, c'est le centre d'études, de *travaux intellectuels*, artistiques et scientifiques, le plus actif du monde.

III

PLATEAU LORRAIN ET ALSACE-LORRAINE

DESCRIPTION. — Cette région très variée a pour traits communs : l'âpreté du climat, froid et sec en hiver ; l'activité industrielle et surtout le travail du *fer* ; le développement de l'instruction, l'importance des souvenirs historiques. Elle a été le champ de bataille de l'Allemagne et de la France.

Elle comprenait autrefois sept départements. Trois nous ont été enlevés par la guerre de 1870. Les quatre qui nous restent sont :

Ardennes (Champagne). Ch.-l. *Mézières-Charleville*, quincaillerie ; V. pr. : *Sedan*, draps.

Meuse (Lorraine et Barrois). Ch.-l. *Bar-le-Duc*. V. pr. : *Verdun*, place forte.

Meurthe-et-Moselle (Lorraine) formé de ce qui nous reste des anciens départements de *Meurthe* et de *Moselle*. Ch.-l. **NANCY**, industrie métallurgique, centre intellectuel, ville élégante. V. pr. : *Lunéville* ; Longwy, forges ; Toul, place forte.

Vosges (Lorraine). Ch.-l. *Épinal*, place forte, cotonnades. V. pr. : *Saint-Dié*.

L'Alsace-Lorraine que nous avons perdue en 1870-71 comprend :

Dans la **Lorraine** : la majeure partie de l'ancien département de la Moselle avec **Metz** (pays Messin), place très forte, cathédrale ; *Sarreguemines*.

Dans la **Basse-Alsace**, ancien département du Bas-Rhin : **Strasbourg**, place forte, centre intellectuel, cathédrale.

Dans la **Haute-Alsace**, ancien département du Haut-Rhin : *Colmar* ; **Mulhouse**, grand centre industriel.

— Belfort nous est resté.

IV. — PLAINES ET COLLINES DE NORMANDIE

DESCRIPTION. — La Normandie, région *historique*, comprend des contrées assez *différentes* : le fertile pays de Caux et ses falaises ; la vallée imposante de la Seine avec ses hautes berges et ses villes manufacturières ; les herbages magnifiques de la vallée d'Auge, les plaines calcaires plus sèches de la campagne de Caen ; les granits du Cotentin ; les vallons riants du Bocage ; les crêtes, les forêts des collines de Normandie, qui vont rejoindre à l'Est les collines du Perche. Cependant par le climat pluvieux, par la race où se retrouve le type des hommes du Nord, par le caractère des habitants, par leur façon de parler, la Normandie est bien une région *naturelle*.

Cinq départements :

Seine-Inférieure (Normandie : pays de Caux). Ch.-l. **ROUEN**, ville monumentale, centre industriel pour le coton ; port de commerce. V. pr. : **LE HAVRE**, le second port de commerce, lignes de paquebots avec New-York (États-Unis de l'Amérique du Nord) ; *Dieppe*, le sixième ; *Fécamp*, port ; *Sotteville*, près Rouen et *Elbeuf*, centres industriels.

Calvados (Normandie : vallée d'Auge, campagne de Caen, Bocage). Ch.-l. **Caen**, belles églises, port. V. pr. : *Lisieux*, ville industrielle.

Manche (Normandie : Cotentin). Ch.-l. Saint-Lô. V. pr. : **Cherbourg**, port de guerre, digue.

Orne (Normandie et Perche). Ch.-l. *Alençon*.

Eure (Normandie). Ch.-l. *Évreux*.

V. — BRETAGNE. VENDÉE ET POITOU

Description. — La Bretagne s'avance comme un coin de *granit* dans l'Océan qui l'assiège. Ses rivages sont fertiles, peuplés de *pêcheurs*, de marins intrépides. A l'intérieur s'étendent des bois, des *landes*, des étangs, d'assez maigres cultures. Dans la basse Bretagne (à l'Ouest) on parle encore celtique.

Le terrain breton se prolonge au delà de la Loire en *Vendée*. Il fait place dans le Poitou proprement dit à des terres calcaires et productives. Toute la région poitevine est plus agricole qu'industrielle.

Huit départements :

Ille-et-Vilaine. Ch.-l. Rennes, centre administratif, universitaire et agricole. V. pr. : *Saint-Malo* et *Saint-Servan*, ports de pêche et de commerce ; *Fougères*, cordonnerie.

Côtes-du-Nord. Ch.-l. Saint-Brieuc.

Finistère. Ch.-l. *Quimper* (Cornouailles). V. pr. : **Brest**, grand port de guerre, rade grandiose ; *Morlaix*, port ; *Lambézellec*, près de Brest.

Morbihan. Ch.-l. *Vannes*. V. pr. : **Lorient**, port de guerre.

Loire-Inférieure. Ch.-l. **NANTES**, port de commerce, grande ville active. V. pr. : *Chantenay*, banlieue de Nantes ; *Saint-Nazaire*, port de commerce, ligne de paquebots avec l'Amérique centrale.

Vendée. Ch.-l. La Roche-sur-Yon. V. pr. : Les Sables-d'Olonne, port.

Deux-Sèvres (Poitou : Gâtine). Ch.-l. *Niort*. V. pr. : Saint-Maixent.

Vienne (Poitou). Ch.-l. *Poitiers*, centre agricole. V. pr. : *Châtellerault*, coutellerie.

VI. PLAINES DE LA LOIRE

Description. — Cette région a pour lien commun la vallée moyenne de la *Loire*. Elle est en partie industrielle, mais surtout *agricole*. Elle a, dans le Maine, des champs d'orge et des prairies artificielles, dans l'Anjou et la Touraine, des vignes ; dans la Sologne des bois et des marais, dans le Berry des pâturages ; dans le Nivernais des prairies naturelles. Cette contrée est douce et tempérée. C'est en Touraine qu'on parle le meilleur français.

Neuf départements :

Mayenne (Maine). Ch.-l. *Laval*.

Sarthe (Maine). Ch.-l. **Le Mans**, centre actif. V. pr. : La Flèche.

Maine-et-Loire (Anjou). Ch.-l. **Angers**, ville élégante, centre agricole et industriel, voisin des riches carrières d'ardoises de Trélazé. V. pr. : *Cholet*, fabriques de toiles ; *Saumur*, vins.

Indre-et-Loire (Touraine). Ch.-l. **Tours**, ville monumentale, dans une contrée célèbre par ses châteaux. V. pr. : Chinon, château féodal.

Loir-et-Cher (Orléanais et Sologne). Ch.-l. *Blois*, magnifique château historique. V. pr. : Vendôme.

Loiret (Orléanais). Ch.-l. **Orléans**, ville industrielle. V. pr. : Montargis.

Indre (Berry, Brenne). Ch.-l. *Châteauroux*.

Cher (Berry et Bourbonnais). Ch.-l. **Bourges**, centre militaire, cathédrale.

Nièvre (Nivernais, Morvan). Ch.-l. *Nevers*, fabrique de faïences.

VII -- LE MASSIF CENTRAL

DESCRIPTION. — Cette région correspond à peu près à la vaste étendue des hautes terres du Massif central. Elle est très variée, puisqu'elle rayonne dans toutes les directions : industrieuses vallées de la Loire, de l'Allier, du Cher et de la Vienne ; hautes collines du Périgord ; grasses prairies du Cantal ; plateaux secs du Quercy ; granits du Rouergue ; Causses dénudés. Le climat est généralement rude. Les habitants sont tenaces et solides, comme leurs montagnes.

Treize départements :

Loire (Lyonnais, Forez). Ch.-l. **SAINT-ÉTIENNE**, grand centre industriel pour les soieries et les armes. V. pr. : *Roanne*, tissages ; *Rive-de-Gier* et *Saint-Chamond*, houille ; *Firminy*, forges.

Allier (Bourbonnais). Ch.-l. *Moulins*. V. pr. : *Montluçon*, métallurgie ; *Vichy*, eaux minérales, les plus importantes de France.

Creuse (Marche). Ch.-l. *Guéret*. V. pr. : *Aubusson*.

Haute-Vienne (Limousin). Ch.-l. *Limoges*, centre industriel, porcelaines.

Corrèze (Bas-Limousin). Ch.-l. *Tulle*. V. pr. : *Brive*.

Puy-de-Dôme (Auvergne). Ch.-l. *Clermont*, ville active, fabrique de caoutchouc. V. pr. : *Thiers*, coutellerie.

Cantal (Auvergne). Ch.-l. *Aurillac*.

Haute-Loire (Auvergne et Languedoc, Velay). Ch.-l. *Le Puy*.

Dordogne (Guyenne, Périgord). Ch.-l. *Périgueux*. V. pr. : *Bergerac*.

Lot (Guyenne, Quercy). Ch.-l. *Cahors*.

Tarn (Languedoc). Ch.-l. *Albi*, cathédrale. V. pr. : *Castres* ; *Mazamet*, draps.

Aveyron (Guyenne, Rouergue). Ch.-l. *Rodez*. V. pr. : *Millau*.

Lozère (Languedoc, Gévaudan et Causses). Ch.-l. *Mende*.

VIII - PLAINES DU SUD-OUEST

DESCRIPTION. — Le Sud-Ouest, traversé par le cours moyen et inférieur de la Garonne et par la Gironde, est essentiellement une région de produits agricoles : eaux-de-vie des Charentes et de l'Armagnac, vins de Bordeaux, primeurs d'Agen, maïs, bois et résines des Landes. Sauf à Bordeaux, l'industrie est peu développée. Le climat est doux, la vie est facile. Cependant la population est en décroissance.

Sept départements :

Charente-Inférieure (Aunis et Saintonge). Ch.-l. *La Rochelle*, et La Pallice, ports de commerce. V. pr. : *Rochefort*, port de guerre ; *Saintes* ; Marennes.

Charente (Angoumois). Ch.-l. *Angoulême*. V. pr. : *Cognac*, eaux-de-vie.

Gironde (Guyenne, Médoc). Ch.-l.

BORDEAUX, grande et belle ville, centre intellectuel, le quatrième port de commerce, vins. V. pr. : *Libourne* ; Arcachon.

Lot-et-Garonne (Guyenne). Ch.-l. *Agen*.

Tarn-et-Garonne (Guyenne). Ch.-l. *Montauban*.

Gers (Gascogne, Armagnac). Ch.-l. *Auch*, cathédrale.

Landes (Gascogne). Ch.-l. Mont-de-Marsan. V. pr. : Dax, eaux thermales.

IX. PYRÉNÉES

DESCRIPTION. — La longue et belle chaîne des Pyrénées, riche en eaux minérales de toute sorte, attire les touristes et les malades. Elle offre aux troupeaux de vastes pâturages. On a détruit malheureusement beaucoup de ses forêts. Elle envoie aux riches campagnes qui s'étendent à ses pieds, des gaves rapides. Dans la région presque entière prospèrent le maïs et les vignobles. Les habitants, Basques, Béarnais, Gascons, Catalans, sont agiles, ardents, comme les Espagnols leurs voisins.

Six départements :

Basses-Pyrénées (Béarn). Ch.-l. *Pau*, ville d'hiver. V. pr. : *Bayonne*, port, place forte ; bains de mer de Biarritz.

Hautes-Pyrénées (Guyenne et Gascogne). Ch.-l. *Tarbes*. V. pr. : Bagnères-de-Bigorre ; Lourdes.

Haute-Garonne (Languedoc et Gascogne). Ch.-l. **TOULOUSE**, grande cité agricole, centre commercial et intellectuel. V. pr. : Bagnères-de-Luchon.

Ariège (Comté de Foix). Ch.-l. *Foix*, château. V. pr. : *Pamiers*.

République indépendante d'**Andorre**.

Aude (Languedoc). Ch.-l. *Carcassonne*, fortifications anciennes. V. pr. : *Narbonne*, vins.

Pyrénées-Orientales (Roussillon). Ch.-l. *Perpignan*, place forte, vins. V. pr. : Port-Vendres, port.

X -- JURA ET SAÔNE

DESCRIPTION. — Les chaînes du Jura et la vallée de la Saône sont orientées de même. Elles ont appartenu longtemps à un même État bourgogne, partagé plus tard en un duché, la Bourgogne, et un comté, la Franche-Comté. Celle-ci, surtout montagneuse, a des forêts, des pâturages, des vaches, des fromageries, des ateliers de tabletterie et d'horlogerie. La Bourgogne, pays de vallées et de coteaux, a ses vins, sa houille, ses usines métallurgiques. Le Franc-Comtois est tranquille, persévérant, industrieux ; le Bourguignon a le sang et le cœur chauds. Au sud de la Bourgogne, au pied du Jura, s'étendent la riche Bresse et la Dombes couverte d'étangs poissonneux.

Six départements et un territoire :

Territoire de Belfort. Ch.-l. *Belfort*, centre industriel, grande place de guerre, tout ce qui nous reste de l'Alsace.

Haute-Saône (Franche-Comté). Ch.-l. Vesoul.

Doubs (Franche-Comté). Ch.-l. *Besançon*, place forte, horlogerie. V. pr. : Montbéliard.

Jura (Franche-Comté). Ch.-l. Lons-le-Saunier. V. pr. : *Dôle*.

Côte-d'Or (Bourgogne, Auxois). Ch.-l. **Dijon**, belle ville commerçante, centre d'études. V. pr. : Beaune, vins.

Saône-et-Loire (Bourgogne, Charolais). Ch.-l. *Mâcon*, vins. — V. pr. : *Chalon-sur-Saône*, ville industrielle ; *Autun*, monuments romains ; *Le Creusot*, grande usine métallurgique ; *Montceau-les-Mines*, houille et forges.

Ain (Bresse, Dombes). Ch.-l. *Bourg*.

XI. ALPES

Du Mont-Blanc à la Méditerranée, le massif des Alpes échelonne tous les climats, toutes les productions, tous les sites : glaciers et neiges des hauts sommets ; grands pâturages ; forêts et arbres fruitiers de Savoie et du Dauphiné ; torrents, ravins, plateaux âpres de la Haute-Provence, jusqu'aux jardins toujours fleuris du littoral. Les Alpins sont solides, patients, entreprenants ; les montagnards provençaux sont secs et braves. La population du littoral est indolente.

Six départements, plus la Corse :

Haute-Savoie. Ch.-l. Annecy, au bord du lac de ce nom.

Savoie. Ch.-l. Chambéry, ancienne capitale. V. pr. : Aix-les-Bains, eaux thermales, près du lac du Bourget.

Hautes-Alpes (Dauphiné). Ch.-l. Gap. V. pr. : Briançon, place forte.

Basses-Alpes (Provence). Ch.-l. Digne.

Alpes-Maritimes (Comté de Nice et Provence). Ch.-l. **NICE**, ville d'hiver, port, culture des fleurs et des oranges. V. pr. : *Grasse*, fabriques de parfums ; *Cannes*, en face des îles de Lérins et Menton, villes d'hiver.

Principauté de Monaco (indépendante). V. pr. : Monte-Carlo, somptueuse ville d'hiver.

Var (Provence). Ch.-l. Draguignan. V. pr. : **TOULON**, grand port de guerre, centre commercial ; *La Seyne*, construction de navires ; *Hyères*, primeurs.

Corse. Ch.-l. *Ajaccio*. V. pr. : *Bastia*, port.

XII. — VALLÉES DU RHÔNE ET PLAINES DE LA MÉDITERRANÉE

DESCRIPTION. — De Lyon à Marseille, la vallée du Rhône s'étend du Nord au Sud et se ramifie dans les plaines de la Provence et du

Bas-Languedoc. Cette région est très industrieuse ; elle élève les vers à soie et fabrique des soieries. Elle a d'immenses vignobles, surtout en Languedoc, des oliviers, des amandiers en Provence. Elle est pleine de souvenirs et de ruines antiques. Elle a conservé de l'époque romaine le goût de la vie urbaine et de la politique. Nulle part la population n'est plus groupée en villes et en gros bourgs.

Huit départements :

Rhône (Lyonnais). Ch.-l. **LYON**, ville monumentale, place forte, centre intellectuel et commercial, métropole industrielle de toute une région, surtout pour les soieries, la teinturerie et les produits chimiques, forme avec sa banlieue l'une des agglomérations les plus importantes de France (avec Marseille et Lille, après Paris). V. pr. : *Villeurbanne, Villefranche,* Tarare, Givors, villes industrielles.

Isère (Dauphiné). Ch.-l. **Grenoble**, ville active et pittoresque, ganterie, emploi considérable de la houille blanche (voir page 33), centre d'excursions. V. pr. : *Vienne,* ruines romaines, draperies ; *Voiron,* papeteries et toiles.

Ardèche (Languedoc, Vivarais). Ch.-l. Privas. V. pr. : *Annonay,* papeteries.

Drôme (Dauphiné). Ch.-l. *Valence,* filatures de soie. V. pr. : *Romans,* draps et soies.

Vaucluse (Comtat-Venaissin et Provence). Ch.-l. *Avignon,* château des Papes. V. pr. : Orange, théâtre romain.

Bouches-du-Rhône (Provence). Ch.-l. **MARSEILLE**, la seconde ville de France, le premier de ses ports de commerce, a des lignes de paquebots avec l'Afrique occidentale, l'Amérique du Sud, l'Algérie, l'Orient, l'Extrême-Orient. C'est un grand centre industriel, surtout pour l'huilerie, la savonnerie et la briqueterie. V. pr. : *Aix,* ancienne capitale de la Provence, grand commerce d'huiles : *Arles,* beaux monuments anciens; La Ciotat, constructions navales.

Gard (Languedoc). Ch.-l. **Nîmes**, ville active, commerce de vins ; belles antiquités romaines. V. pr. : *Alais,* centre d'un bassin houiller, fonderies.

Hérault (Languedoc). Ch.-l. **Montpellier**, ville savante et lettrée. V. pr. : **Béziers**, vins ; *Cette,* port de commerce.

QUESTIONNAIRE (pages 26 à 29)

1. En combien de grandes régions naturelles peut-on diviser la France ? — 2. Que savez-vous de la population des villes ? — 3. Décrivez les plaines du Nord. — 4. Indiquez les villes principales des départements de cette région. — 5. Décrivez les plaines de Paris et de la Champagne. — 6. Indiquez les villes principales des départements de cette région. — 7. Que savez-vous de Paris ? — 8. Décrivez le plateau Lorrain et l'Alsace-Lorraine. — 9. Indiquez les

QUESTIONNAIRE (suite).

villes principales des départements de cette région. — 10. Qu'avons-nous perdu dans la Lorraine ? — 11. dans l'Alsace ? — 12. Décrivez les plaines et collines de Normandie. — 13. Indiquez les villes principales des départements de cette région. — 14. Décrivez la région de Bretagne, Vendée et Poitou. — 15. Quels sont les départements compris dans cette région ? — 16. Quelles sont les villes principales de ces départements. — 17. Décrivez les plaines de la Loire. — 18. Quels sont les départements, les villes principales ? — Décrivez le Massif central. — 19. Quels sont les départements, les villes principales ? — 20. Décrivez les plaines du Sud-Ouest. Quels sont les départements, les villes principales ? — 21. Décrivez la région des Pyrénées. — 22. Indiquez les départements, les villes principales. — 23. Décrivez la région du Jura et de la Saône. — 24. Indiquez les départements et les villes principales. — 25. Décrivez la région des grandes Alpes. — 26. Indiquez les départements et les villes principales. — 27. Décrivez les vallées du Rhône et les plaines de la Méditerranée. — 28. Indiquez les départements et les villes principales.

LA FRANCE MILITAIRE

1. La France est la *seconde* des grandes puissances militaires.

Son *armée de terre* est presque aussi importante que celle de l'Allemagne.

Sa *flotte de guerre* vient après celle de l'Angleterre qui lui est près de trois fois supérieure. L'Allemagne, les États-Unis et le Japon se disputent le second rang sur mer.

2. **La loi militaire.** — D'après la loi de 1905, le service militaire est *obligatoire* pour *tous* les Français, sauf les infirmes ou les indigènes.

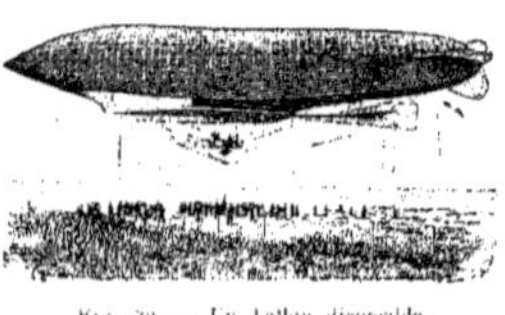

Fig. 39. — Un ballon dirigeable.

La durée du service est successivement : 1° de deux ans dans l'armée *active* ; 2° de onze ans dans la *réserve* de l'armée active ; 3° de six ans dans l'armée *territoriale* ; 4° de six ans dans la *réserve* de l'armée territoriale.

Les élèves de plusieurs *grandes écoles* font un an de service comme soldats, et une deuxième année comme officiers de réserve.

Les *soutiens de famille* peuvent obtenir de l'État, pour leurs parents sans ressources, une indemnité de 0f,75 par jour, pendant la durée de leur service.

3. **L'armée française.** — L'armée française comprend principalement :

Infanterie : 163 régiments de ligne et des régiments spéciaux à l'Algérie et à la Tunisie tels que les zouaves ; — *Cavalerie :* 79 régiments : cuirassiers, dragons, chasseurs, hussards ; — 6 régiments de chasseurs d'Afrique et 4 régiments de spahis ; — *Artillerie :* 40 régiments ; — *Génie* (sapeurs-mineurs, aérostiers, etc. : 6 régiments ; — *Train des équipages :* 20 escadrons ; — *Gendarmerie :* 31 légions, etc. ; en tout plus de 669 000 hommes, sur pied de paix.

4. **L'organisation militaire.** — La France est divisée en vingt régions militaires. Dans chacune est établi *un corps d'armée* (voir la carte). Le 19e corps réside en Algérie.

Chaque corps d'armée comprend 8 *régiments d'infanterie*, 1 brigade de cavalerie, 1 brigade d'artillerie, etc.

5. **La défense des frontières.** — Des places fortes et des forts protègent nos frontières de terre :

1° Les *Pyrénées*, infranchissables sauf à leurs deux extrémités, sont surveillées par *Bayonne* et *Perpignan*.

2° Les *Alpes*, plus pénétrables, sont défendues par **Briançon** et **Nice** en première ligne, **Lyon**, **Grenoble** et **Toulon** en seconde ligne.

3° Le *Jura* est garni de forts ; en seconde ligne se trouvent **Besançon** et **Dijon**.

4° *La frontière du Nord-Est* ne s'appuie à aucun obstacle naturel.

La guerre de 1870 nous a enlevé Metz et Strasbourg. Il a fallu les remplacer. En première ligne, nous avons quatre places fortes de premier ordre : **Belfort**, **Épinal**, **Toul** et **Verdun** ; en seconde ligne, les forts de **La Fère**, **Laon** et **Reims**.

5° Vers la *frontière belge* s'échelonnent **Maubeuge**, **Lille** et **Dunkerque**.

6° *Au cœur de la défense* enfin, **PARIS**, avec son enceinte double de forts, est un formidable *camp retranché*.

6. **La défense maritime.** — Les côtes de France sont presque partout difficiles d'accès. Leurs points faibles sont garnis de *batteries*. Elles sont défendues en outre par les cinq *ports militaires* : **Cherbourg**, **Brest**, **Lorient**, **Rochefort** et **Toulon**, et par notre flotte de guerre.

7. **La flotte.** — Les navires de guerre sont de plusieurs sortes : les *cuirassés*, très gros, garnis d'épaisses cuirasses et armés de canons puissants ; les *croiseurs*, rapides et résistants ; les *torpilleurs* agiles, porteurs de torpilles destinées à faire sauter les cuirassés ; les *sous-marins* et *submersibles* qui peuvent s'enfoncer sous l'eau, invisibles, et torpiller les grands navires.

8. **L'armée de mer.** — La flotte est montée par l'armée de mer. Cette armée se recrute parmi les *inscrits maritimes*. Ceux-ci doivent faire, à bord des navires de l'État, un service de cinq ans au plus, en temps de paix. Ils peuvent être appelés en temps de guerre, jusqu'à cinquante ans. En retour de ces obligations, ils jouissent de privilèges tels que le droit de pêche et de navigation sur nos côtes.

9. **Écoles.** — Les principales écoles destinées à former des officiers pour les armées de terre et de mer sont : *Saint-Cyr* et *Saint-Maixent*, pour les officiers d'infanterie ; — *Saint-Cyr* et *Saumur*, pour la cavalerie ; — *Polytechnique*, *Fontainebleau* et *Versailles*, pour l'artillerie et le génie ; — l'École supérieure de guerre, à *Paris*, pour l'État-major de l'armée de terre ; — l'École navale à *Brest*, pour les officiers de marine ; — l'École supérieure de marine, à *Paris*, pour l'État-major de la marine.

QUESTIONNAIRE

1. Quelle est la force militaire de la France ? — 2. Que dit la loi de 1905 ? — 3. Quelle est la composition de notre armée de terre ? — 4. Son organisation ? — 5. Comment sont défendues les frontières de terre ? — 6. Quelle est la défense maritime ? — 7. Quelle est la composition de notre armée de mer ? — 8. Quelles sont les principales écoles militaires ?

VOIES DE COMMUNICATION

1. Les rivières et les canaux (voir p. 25) ne sont pas les seules voies de communication. Il en est d'autres encore :

1° Les *routes*, construites par l'État (nationales) et par les départements, et les *chemins* établis par les communes ou par les particuliers. La France possède beaucoup de bonnes routes ; pas assez encore de bons chemins.

2° Les *chemins de fer* ou voies ferrées.

3° Les *lignes télégraphiques* et téléphoniques qui, grâce à des fils de métal tendus sur des poteaux et à certains appareils électriques, permettent de transmettre l'écriture et la parole à distance.

2. Les chemins de fer. Il y a sept réseaux de voies ferrées, dont voici les *grandes lignes* (pour les embranchements voir la carte).

3. Réseau du Nord. — Il est le moins étendu, mais le plus actif et le plus riche. Il dessert une région de plaines très accessibles, très productives et très peuplées. Il rivalise avec de nombreux canaux qui en même temps contribuent à l'alimenter en lui apportant des marchandises.

Il met Paris en communication avec la *Belgique*, la Hollande, l'Allemagne, par **Lille**, par **Maubeuge** ; avec l'*Angleterre*, par **Boulogne** et **Calais**. Une ligne transversale (qui ne passe point par Paris), relie directement Calais et Boulogne à l'Allemagne, et à la Suisse par Amiens, Reims, Châlons et les lignes de l'Est.

4. Réseau de l'Est. — Il a une grande importance militaire parce qu'il est dirigé vers l'Allemagne.

Sa ligne principale va de Paris à **Strasbourg**, par la vallée de la Marne, *Nancy* et le col de Saverne.

Une seconde grande ligne va de Paris à **Belfort**, **Mulhouse** et *Bâle* par la vallée de la Seine, Troyes, le plateau de Langres et la plaine de la Haute-Saône.

5. Réseau de Paris-Lyon-Méditerranée. — C'est le plus étendu de nos réseaux ferrés, et celui qui se ramifie dans les contrées les plus diverses.

1° Sa grande ligne suit une voie historique. De Paris elle remonte la Seine, franchit la Côte-d'Or, près de **Dijon**, descend la Saône et par **Lyon** et le Rhône, aboutit à **Marseille** dont les navires desservent les pays les plus lointains.

De cette ligne principale s'en détachent d'autres conduisant : à travers le Jura, en Suisse ; à travers les Alpes, en Italie (tunnel du Mont-Cenis) ; et sur le littoral de la Méditerranée.

La seconde grande ligne, dite du Bourbonnais, remonte la Loire, puis l'Allier, traverse le Massif central par Clermont et aboutit à Nîmes et Cette.

6. Réseau d'Orléans — Ce réseau vient au second rang pour l'étendue.

Du tronc commun **Paris-Orléans-Tours** se détachent deux grandes lignes :

celle de **Nantes** et **Saint-Nazaire** dont les paquebots vont aux Antilles ;

celle de **Bordeaux** dont les paquebots vont dans l'Amérique du Sud.

Une ligne moins importante se dirige d'Orléans sur *Toulouse* par *Limoges*, à travers le Massif central.

7. Réseau de l'État. — L'État administre directement ce réseau, tandis que les autres réseaux sont administrés par des compagnies financières soumises seulement au contrôle du Gouvernement.

Le réseau de l'État comprend deux lignes principales : de **Paris** à **Bordeaux** et de **Nantes** à **Bordeaux**.

8. Réseau de l'Ouest (État). — Ce réseau administré par l'État depuis 1908 a deux lignes pour la Normandie.

1° de Paris au **Havre** et par le Havre à l'Amérique du Nord ;

2° de Paris à **Cherbourg**.

Sa ligne de *Bretagne* aboutit à Brest.

9. Réseau du Midi. — Il est le seul qui ne part de Paris.

Ses principales lignes vont de Bordeaux à Cette, par *Toulouse* ; — de Bordeaux à Bayonne et Saint-Sébastien, en Espagne ; — de Narbonne à Port-Vendres et en Espagne.

10. Paris-Ceinture. — On a construit au tour de Paris trois ceintures de voies ferrées.

1° La *petite ceinture*, à l'intérieur des fortifications de la ville ;

2° La *grande ceinture* qui dessert les forts construits après 1870 ;

3° La *troisième ceinture*, qui passe par Rouen, Amiens, Châlons, Orléans, Chartres, etc.

11. Derniers progrès des moyens de transport. — Les moyens de communication ne cessent de faire des progrès : locomotives électriques, bicyclettes, tramways, automobiles, télégraphie sans fil, etc. — Sur mer, les *paquebots* sont de plus en plus gros, confortables et rapides.

Enfin on a entrepris la conquête de l'air. Les *ballons* du XVIII° siècle, pourvus d'un moteur analogue à celui des automobiles, sont devenus *dirigeables* (fig. 30) ; et aux ballons eux-mêmes on entreprend de substituer des machines plus lourdes que l'air et s'élevant avec les oiseaux : ce sont les *aéroplanes*.

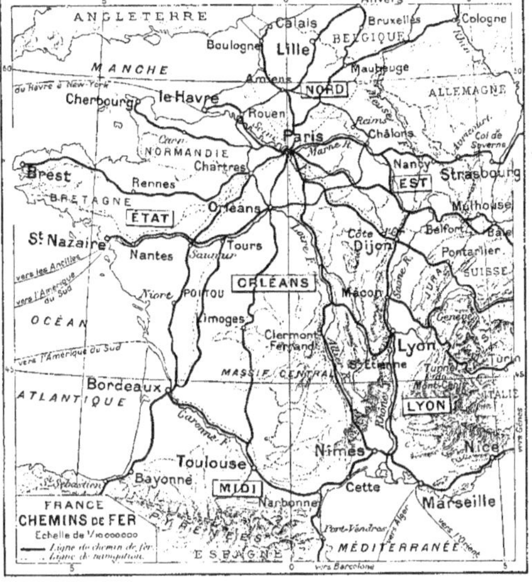

FIG. 30. — Viaduc de Garabit.

Le gigantesque pont métallique, long de 564 mètres, traverse à 122 mètres de hauteur la vallée de la Truyère, sur le réseau du Midi, entre Saint-Flour et Marvejols.

QUESTIONNAIRE

1. Quelles sont les voies de communication autres que les rivières et les canaux ? — **2.** Que savez-vous des chemins de fer ? — **3.** Décrivez le réseau du Nord ; **4.** de l'Est ; — **5.** de Paris-Lyon-Méditerranée ; **6.** d'Orléans ; **7.** de l'État ; **8.** de l'Ouest État ; **9.** du Midi ; **10.** le Paris-Ceinture. — **11.** Quels sont les derniers progrès des moyens de transport ?

LA FRANCE AGRICOLE

1. Les deux tiers des Français habitent aux champs ou dans les villages. Plus de la moitié vivent de l'agriculture.

Aucun métier n'est plus sain que celui de cultivateur. Travailler au grand air, aller et venir librement peut être une fatigue, mais c'est une fatigue salutaire et c'est aussi une joie.

Aucun métier n'est plus honorable, puisqu'il entretient la vie.

2. Les céréales. — Sur une superficie totale de 53 millions d'hectares, un quart environ de notre territoire, plus de 14 millions d'hectares sont cultivés en céréales. Il n'y a que les États-Unis et la Russie qui en produisent davantage.

Le blé ou froment est la meilleure des céréales : elle nous donne le pain. La France est le pays où l'on mange le plus de pain.

Le blé se plaît dans les terres riches du Nord, de l'Ouest, de la Beauce, de la Brie, de la Limagne ; l'avoine, à peu près de même ; — l'orge dans l'Ouest ; le seigle et le sarrasin dans les terres pauvres du Massif central et de la Bretagne ; — le maïs dans le Sud-Ouest.

3. Les légumes réussissent à peu près partout. Les légumes primeurs sont cultivés dans la Bretagne du Nord à Roscoff, en Roussillon, en Provence.

FIG. 41. — Vue d'une cave ou crayère en Champagne.

Le sol crayeux de la Champagne se creuse aisément et forme ainsi des caves fraîches et indestructibles où l'on emmagasine les précieux vins de champagne.

4. Les vignes. — La France est le pays du monde qui produit le plus de vin et les plus *renommés*.

La zone de la vigne ne comprend ni le Nord, ni la Normandie, ni la Bretagne, qui sont trop humides et brumeuses.

La vigne se plaît sur les coteaux ensoleillés, mais elle s'arrête vers le pied des montagnes, qui sont trop froides.

On distingue trois grands **vignobles** principaux :

1° Les vins de *Champagne*, mousseux et légers, qu'on fabrique surtout à Reims et à Épernay (fig. 41).

2° Les vins de *Bourgogne*, très chauds, avec les crus de Chambertin et Beaune;

3° Les vins de *Bordeaux*, très fins avec les crus de Château-Margaux et de Sauternes.

Il y a aussi : les vins du Rhône, de la Loire, du Jura, du Roussillon, etc., et les vins très abondants du *Midi* (Hérault, Gard, Aude, les plus grands producteurs de France), les eaux-de-vie des Charentes.

5. Les arbres fruitiers. — Les *pommes* de Normandie et de Bretagne servent à fabriquer le **cidre**. Les *pruneaux* d'Agen, les *cerises* de Lorraine, les *pêches* du Midi, les *amandes* du Languedoc, les *châtaignes* des Cévennes et de Corse, les *noix* du Périgord, les *figues* et les *olives* de Provence sont très estimés. Les *mûriers* du Sud-Est nourrissent les vers à soie

6. Les cultures industrielles. — Le *lin* et le *chanvre*, cultivés dans le Nord et l'Ouest, servent à faire : le lin, de la toile et le chanvre, des cordages.

Le *colza* donne de l'huile. Le *houblon* sert, avec l'orge, à la fabrication de la **bière** dans le Nord et l'Est.

La *betterave*, qui fournit du sucre, a une énorme importance dans la Flandre, l'Artois, la Picardie.

7. Les prairies et les pâturages. — Les prairies *naturelles*, qui donnent du foin, ne prospèrent que dans les régions humides telles que la Normandie et le Massif central.

Les prairies *artificielles* (trèfle, luzerne, sainfoin) et les betteraves fournissent des fourrages, surtout dans le Nord et dans la région de Paris.

Les *pâturages* dominent dans le Jura, les Alpes, la Provence, la Champagne, les Causses, les Landes.

8. Les forêts. — Il y a des forêts dans les *montagnes* : Vosges, Ardennes, Argonne, plateau de Langres, Morvan, Jura, Dauphiné, Maures ; dans les pays *sablonneux* : Sologne, Landes. On les conserve avec soin aux environs de *Paris* : Saint-Germain, Rambouillet, Fontainebleau.

Le *déboisement* des montagnes est un danger public et la cause d'inondations désastreuses.

9. Le bétail. — La France possède environ 3 millions de *chevaux* : flamands, normands, percherons, tarbais ; 13 millions d'animaux de race *bovine* : en Bretagne, Auvergne (de Salers), Vendée, Charolais ; — 17 millions de *moutons* : Aveyron, plaines du Centre.

La fabrication des *beurres* et des *fromages* est surtout prospère dans le Jura, la Savoie, le Dauphiné, la Normandie, la Bretagne, le Massif central.

QUESTIONNAIRE

1. Que savez-vous de l'agriculture ? — **2.** de la culture des céréales ? — **3** des légumes ? — **4.** des vignes ? — **5.** Quels sont les principaux vignobles ? — **6.** Que savez-vous des arbres fruitiers ? — **7.** des cultures industrielles ? — **8.** des prairies et des pâturages ? — **9.** des forêts ? — **10.** du bétail ? — **11.** des beurres et fromages ?

INDUSTRIE ET COMMERCE

1. L'industrie. — L'industrie consiste à transformer en *produits fabriqués* les *matières premières* fournies par la nature, de manière à les rendre utiles. Elle les transforme grâce aux inventions des *savants*, grâce à l'habileté et à la force des *travailleurs*.

2. Les carrières. — Le sol de la France abonde en roches utiles : *ardoises* à Trélazé ; *marbres* des Pyrénées, etc.

3. La houille. — L'industrie a pris un grand développement au XIXᵉ siècle par l'emploi de la *houille* comme combustible dans les machines à vapeur. La houille est « le pain de l'industrie ».

La France n'a pas assez de houille, bien qu'elle ait de riches *bassins houillers* : dans le Pas-de-Calais, le Nord, près de Saint-Étienne, d'Alais.

4. Le fer. — L'industrie emploie de plus en plus le *fer* dans les constructions et les objets de tout genre.

Les gisements les plus riches de minerai de fer sont ceux de Nancy, Longwy et Briey.

Pour fondre le minerai, pour transformer le métal en machines, poutres, rails, outils, armes, les usines consomment beaucoup de houille : elles ont donc intérêt à s'établir au bord des bassins houillers.

Les usines *métallurgiques* les plus importantes sont celles de *Lorraine*, du *Nord* (Lille), de la *Loire* (Saint-Étienne), du *Creusot*, du *Bourbonnais* (Montluçon), de *Decazeville*, d'*Alais*.

5. Les industries alimentaires. — Certaines industries alimentaires sont très répandues : *distilleries, sucreries* dans les pays à betterave ; *moulins, brasseries* un peu partout. D'autres n'existent que dans certains centres, comme les *fabriques de conserves* dans les ports : Marseille, Bordeaux, Nantes.

6. Les industries du vêtement. — Les principaux centres de fabrication des tissus sont : pour la *toile*, Lille ; les *cotonnades*, Rouen, les Vosges ; les *lainages*, Roubaix ; la *soie*, Lyon ; les *rubans*, Saint-Étienne ; la *ganterie*, Grenoble.

7. Les industries du logement et de l'ameublement. — Les plus importantes sont :

Les manufactures de *glaces* à Saint-Gobain ; de *porcelaine* à Sèvres et à Limoges ; les *verreries*, à proximité des houillères qui leur fournissent le combustible ; les *tapisseries* des Gobelins (Paris), d'Aubusson ; les *meubles* de Paris ; l'*horlogerie* du Jura.

8. Autres industries. — Parmi les autres industries sont les usines de *produits* et d'*engrais chimiques*, à Paris et dans les grandes villes ; les *huileries* et *savonneries* à Marseille ; les *papeteries* d'Essonnes, d'Angoulême ; les *articles de Paris*, menus objets de luxe et de fantaisie, jouets, etc.

9. La houille blanche. — Dans les pays à chutes d'eau, pour produire la force motrice nécessaire à l'industrie, on remplace les machines à vapeur qui consomment de la houille, par des machines électriques que mettent en mouvement des *turbines*, sortes de roues de moulin perfectionnées, actionnées par l'eau (*houille blanche*) qui descend des torrents et des glaciers. Les usines électriques, nombreuses déjà dans le Dauphiné, s'établissent au pied des montagnes (fig. 12). La France est riche en houille blanche.

10. Le commerce. — Le commerce consiste à transporter et à distribuer les produits de l'Agriculture et de l'Industrie.

Le commerce *intérieur* transporte et distribue les marchandises françaises en France ; le commerce *extérieur* comprend l'importation et l'exportation.

11. L'importation et l'exportation. — L'*exportation* est la sortie des marchandises françaises destinées à l'étranger : vins, soieries, cotonnades, modes, lainages, beurres, fromages, etc.

L'*importation* est l'entrée des marchandises étrangères en France : laine, houille, coton, bois, peaux, etc.

12. La marine marchande. — L'exportation se fait surtout par mer.

La marine marchande française n'a pas l'importance qu'elle devrait avoir. Dans nos propres ports les deux tiers du trafic se font par navires étrangers.

Nos principaux ports de commerce sont : **Marseille**, le *Havre*, *Dunkerque*, *Bordeaux*, *Boulogne*, *Dieppe*, *Rouen*, *Calais*, *Cette*, *Saint-Nazaire*, *Nantes*.

QUESTIONNAIRE

1. Qu'est-ce que l'industrie ? — 2. Que retire-t-on des carrières ? — 3. Quelle est la richesse de la France en houille ? — 4. en fer ? — 5. en usines métallurgiques ? — 6. Indiquez les principales industries alimentaires ; — 7. celles du vêtement, du logement et de l'ameublement. — 8. Y a-t-il d'autres industries ? — 9. Citez les plus importantes. — 10. Qu'est-ce que le commerce ? — 11. l'exportation ? — 12. l'importation ? — 13. Quels sont les objets que la France importe ? — 14. qu'elle exporte ? — 15. Que savez-vous de notre marine marchande ? — 16. Quels sont nos principaux ports de commerce ?

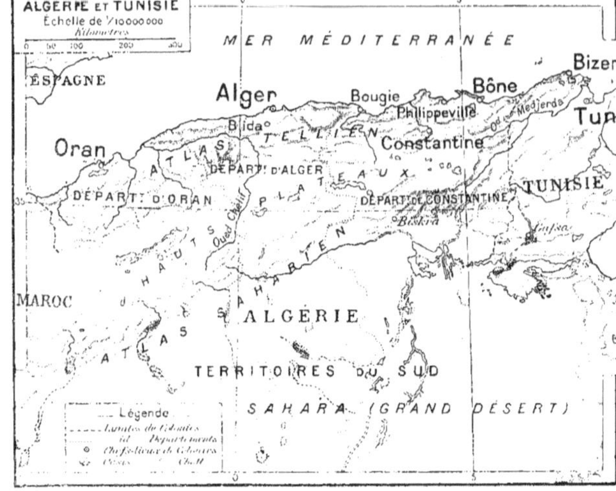

COLONIES FRANÇAISES

La France est la *seconde* puissance coloniale du monde, après l'Angleterre.

1. Utilité des Colonies. — Les colonies accroissent la place occupée dans le monde par la puissance qui les a fondées, c'est-à-dire par leur métropole. Elles nous procurent d'autres avantages. Nous y exportons les produits de notre industrie ; nous y exploitons les richesses naturelles et nous en exportons celles qui nous font défaut. Nous y trouvons des emplois pour l'activité de nos concitoyens, quelquefois aussi des terres dépeuplées pour nos colons. Nous y recrutons des volontaires pour nos armées. Enfin nous y faisons œuvre généreuse et vraiment humaine en y entreprenant sur le rachat du sort des indigènes et leur éducation.

LA FRANCE EN AFRIQUE

ALGÉRIE

2. Par la fécondité de ses colons, par la *beauté* de ses industries, par son *agriculture*, principale source de sa richesse, par l'activité de ses ports, où il s'échange annuellement des milliards en francs, par sa proximité, elle est assez proche de Marseille, l'Algérie est *la plus importante* de nos possessions extérieures.

3. Aspect de l'Algérie. — Elle occupe le centre du grand massif de l'Atlas, entre la Tunisie et le Maroc, entre la Méditerranée et le Sahara. Elle se divise en quatre zones naturelles : le long de la mer, l'Atlas du Tell, le Tell, zone fertile et riche, dont le climat ressemble à celui de notre Midi ; — au bord du Sahara, l'*Atlas saharien* ; — entre les deux, les *Hauts Plateaux* couverts de steppes ; — au Sud, le grand désert du Sahara avec des oasis. — Les cours d'eau d'Algérie sont intermittents ; le plus long est le Chélif.

4. Habitants et villes. — Les *indigè-

Fig. 43. — Alger. Vue générale.

nes : Arabes, Kabyles, Maures, tous musulmans, sont 4 millions et demi : les *Européens* 680 000, dont 450 000 Français ; le reste Espagnols, Italiens, Maltais.

L'Algérie est partagée en trois départements. Le Sud est administré à part.

Villes principales : **ALGER** la blanche, capitale, résidence du gouverneur général, assise en amphithéâtre au bord de la mer, grand port, fig. 43 ; — **Oran**, à moitié espagnole, très active : le deuxième port ; — **Constantine**, forteresse antique, défendue par des précipices, centre agricole ; — *Blida*, pays des oranges ; — *Bougie*, *Philippeville*, *Bône*, ports ; — *Biskra*, oasis, au seuil du désert.

5. Productions. — L'Algérie produit beaucoup de *céréales*, de l'*huile* d'olive, du *vin*, du *tabac*. Elle a des forêts de chênes-liège ; des mines d'excellent *fer*, du marbre, des phosphates. Elle exporte du vin, des moutons, des céréales, du liège, de la laine, des phosphates, du fer, du zinc, de l'alfa, de l'huile, des primeurs.

TUNISIE

6. Traits généraux. — La Tunisie est le prolongement oriental de l'Algérie. Les deux chaînes de l'*Atlas* s'y confondent, enveloppant le fertile bassin de la *Medjerda*. Ses *productions* sont analogues à celles de l'Algérie : céréales, phosphates (de Gafsa), moutons, vins.

7. Gouvernement. Habitants. Villes. — La Tunisie a conservé son chef national ou *Bey*. Mais elle est placée sous le *protectorat* de la France et sous le contrôle d'un *Résident général* français. Les habitants (1 million 830 000), sont en grande majorité indigènes musulmans. Il y a 430 000 Européens, dont 80 000 Italiens et 35 000 Français.

Villes principales : **TUNIS**, capitale, 200 000 habitants, port de commerce ; — **Bizerte**, puissant port de guerre.

MAROC

8. Le Maroc (presque aussi vaste que la France) est la région occidentale de l'Atlas. Il possède de hautes montagnes qui ont jusqu'à 4 500 mètres. Il a l'avantage d'être baigné à la fois par l'Océan et par la Méditerranée. Il a des plaines très productives. Ses *habitants* (8 millions), sont musulmans ; ils ont pour chef politique et religieux un Sultan dont l'autorité est souvent contestée. La France est chargée, avec l'Espagne, par les puissances européennes, de faire la *police des ports* du Maroc.

AFRIQUE OCCIDENTALE FRANÇAISE

9. Vue générale. — L'Afrique occidentale française occupe presque tous les rivages de l'Ouest africain sur l'Atlantique et le golfe de Guinée ; à l'intérieur,

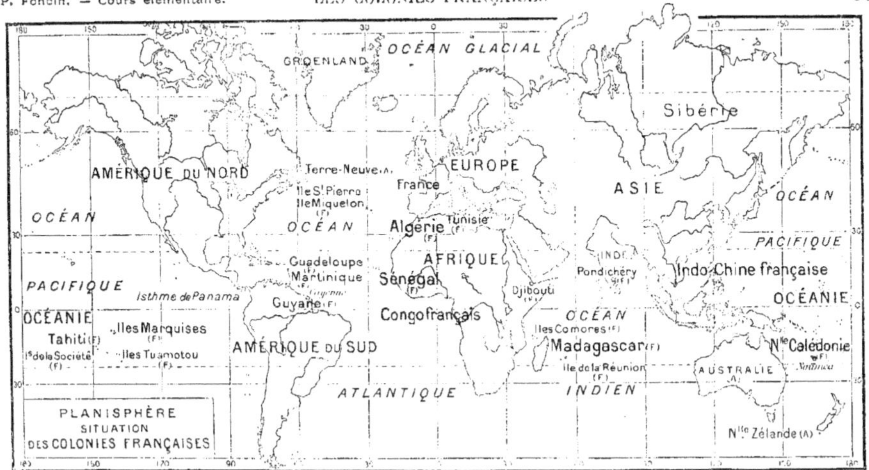

le bassin du *Sénégal* et presque tout le bassin du *Niger*. Par le Sahara, elle se relie à l'Algérie; par le lac Tchad, au Congo. Elle produit *l'arachide*, la *gomme* dans le Soudan. *L'huile de palme*, le *caout-chouc* dans la zone des forêts équatoriales.

10. Divisions administratives. — Elle comprend six colonies : — le *Sénégal*, ch.-l. Saint-Louis; — la *Guinée* française; — la *Côte d'Ivoire*; — le *Dahomey*; — dans l'intérieur: le *Haut-Sénégal et Niger*, et le territoire de *Mauritanie*. La capitale est **Dakar**, port de commerce, de relâche et de guerre, près du Cap-Vert, résidence du gouverneur général. La population est de 12 millions d'indigènes, pour la plupart noirs musulmans.

CONGO FRANÇAIS

11. Cette immense colonie (trois ou quatre fois la France) comprend : 1° le *Gabon*, dans la zone de forêts équatoriales, arrosé par l'Ogooué; — 2 le *Congo* proprement dit, région en grande partie soudanaise, sur la rive droite du Congo et de l'Oubangui, ch.-l. *Brazzaville*; — 3° au nord, la région en partie déserte du lac *Tchad*. Il y a environ 8 millions d'indigènes pour la plupart très primitifs et misérables. Le sol a été concédé à diverses compagnies de commerce qui exploitent *l'ivoire* et le *caoutchouc*. Il n'y a qu'un petit nombre de blancs.

MADAGASCAR

12. Traits généraux. — Cette grande île un peu plus vaste que la France comprend un plateau intérieur élevé et salubre qui descend en pente raide à l'Est sur des

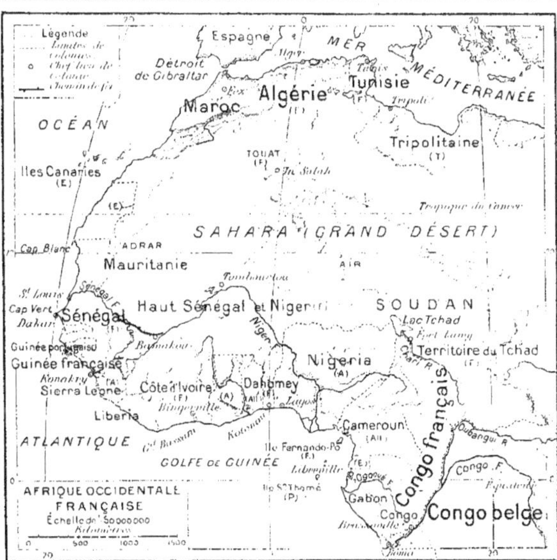

rivages plats et marécageux, s'abaisse en gradins à l'Ouest, savane en pointe au Nord. Elle est arrosée de nombreux cours d'eau formant des chutes. Son climat est très chaud sur les côtes basses.

13. Productions. — Elle possède des forêts riches en bois de toute sorte et en caoutchouc. On peut y entreprendre des plantations de café, de vanille et autres denrées coloniales. Sur le plateau intérieur, dénudé, les indigènes cultivent le *riz*, élèvent des *bœufs*. Elle a des mines d'or.

14. Habitants. Gouvernement. Villes. — Les indigènes de l'intérieur, dits *Hovas*, sont intelligents; ils ont été convers-

tis au christianisme. Sur les côtes habitent des noirs. Au centre, à *Tananarive*, réside le gouverneur général. *Tamatave* et *Majunga* sont des ports de commerce. *Diego-Suarez* est un port militaire.

15. Iles voisines. — De Madagascar dépendent au Nord-Ouest *Mayotte* et les *Comores*. A l'Est est l'île de la **Réunion**, vieille colonie française. Ch.-l. *Saint-Denis*. On y cultive la canne à sucre et la vanille.

16. Djibouti. — Sur la côte brûlante des *Somali*, près de l'entrée de la mer Rouge, *Djibouti*, port de relâche, est le point de départ du chemin de fer de l'Ethiopie.

LA FRANCE EN ASIE
INDO-CHINE

17. Traits généraux. — En Asie, nous possédons une riche et vaste colonie, plus grande que la France, l'Indo-Chine française, la plus importante de nos colonies (après l'Algérie). Elle a 18 millions d'habitants. Elle fait un commerce de 750 millions de francs. Le climat, quoique très chaud, permet aux blancs d'y vivre, mais non de s'y établir à demeure. Ce n'est pas une colonie de peuplement.

18. Régions. — L'Indo-Chine se partage en cinq régions :

1° Au Nord le **Tonkin**, la région la plus salubre, comprenant le delta très fertile du fleuve Rouge. Capitale : **Hanoï**, résidence du gouverneur général.

2° Sur la côte orientale est l'**Annam**, royaume placé sous notre protectorat. Capitale : *Hué*. Rizières très productives.

3° Au Sud, sur le delta du *Mékong*, est la **Cochinchine**. Capitale : Saïgon, grand port de guerre et de commerce.

4° Au Sud-Ouest, sur le bas Mékong, au bord d'un lac, est le **Cambodge**.

5° Au Nord-Ouest, sur le haut Mékong, est le **Laos**, couvert de forêts.

19. Habitants et productions. — Les *Annamites*, petits, solides, industrieux, avides d'instruction, sont la race dominante ; les *Cambodgiens* sont analogues aux Hindous ; les *Laotiens* aux Siamois.

La grande culture est celle du *riz*. L'animal de labour est le *buffle*. Les autres productions sont : le thé, les bois précieux, la soie, les denrées coloniales, la houille.

ÉTABLISSEMENTS DE L'INDE

20. De notre empire de l'Inde, perdu en 1763, il ne nous reste plus que cinq établissements dont le principal est *Pondichéry*.

LA FRANCE EN OCÉANIE
ILES FRANÇAISES DU PACIFIQUE

21. Les principales sont : la **Nouvelle-**

Fig. 44. — Un village en Indo-Chine.

Calédonie, trois fois grande comme la Corse ; riche en nickel, avec un millier de colons français, ch.-l. *Nouméa* ; — **Tahiti**, au doux climat, sur le futur chemin de l'isthme de Panama à l'Australie, et plusieurs autres petits archipels.

LA FRANCE EN AMÉRIQUE
ANTILLES FRANÇAISES

22. En Amérique, les Antilles françaises sont : la **Guadeloupe**, avec le port de la *Pointe-à-Pitre*, et la **Martinique**, ch.-l. *Fort-de-France*, port de guerre. — Ces deux îles (près de 400 000 hab.) sont administrées comme des départements français. Elles cultivent la canne à sucre.

GUYANE FRANÇAISE

23. Ce pays, couvert d'immenses forêts encore inexplorées, est presque désert ; on y a découvert des mines d'or qui amènent des immigrants. On y déporte les criminels. Ch.-l. *Cayenne*.

SAINT-PIERRE ET MIQUELON

24. Du Canada, colonie perdue en 1763, il ne nous reste que ces deux *îlots* fréquentés par les pêcheurs de *morue* du banc de Terre-Neuve.

RÉSUMÉ

25. En Amérique et en Océanie, la France n'a que des colonies éparses. En Asie, elle possède un riche domaine ; en Afrique, un vaste empire avec des terres en **Algérie** et **Tunisie**, où peuvent s'établir des familles françaises.

QUESTIONNAIRE (pages 34-36)

1. Quelle est l'importance de l'Algérie ? — **2.** Quel est son aspect ? — **3.** Que savez-vous de ses habitants ? — **4.** de ses villes ? — **5.** de ses productions ? — **6.** Qu'est-ce que la Tunisie ? — **7.** Quel est son gouvernement ? — **8.** Quelle est sa population ? — **9.** Quelles sont ses villes ? — **10.** Dites ce que vous savez du Maroc. — **11.** Indiquez la situation et les productions de l'Afrique occidentale française ; — **12.** les colonies qu'elle comprend. — **13.** Dites ce que vous savez du Congo français. — **14.** Quels sont les traits généraux de Madagascar ? — **15.** Indiquez ses productions, ses habitants, son gouvernement, ses villes. — **16.** Que possède la France dans le voisinage de Madagascar ? — **17.** à l'entrée de la mer Rouge ? — **18.** Quels sont les traits généraux de l'Indo-Chine ? — **19.** Quelles sont ses cinq régions ? — **20.** Quels sont ses habitants ? — **21.** Quelles sont ses productions ? — **22.** Que savez-vous des établissements français de l'Inde ? — **23.** des Antilles françaises ? — **24.** de la Guyane française ? — **25.** de Saint-Pierre et Miquelon ? — **26.** Quelles sont, en résumé, les principales colonies françaises ?

❖ GÉOGRAPHIE ❖

COLLECTION JEAN BEDEL	LIVRETS CHARLES DUPUY
L'Année enfantine de Géographie. Un vol. oblong, cartes en couleur, cart......... » 75	Géographie. Un vol. in-16, cart..... .... » 30 Colonisation. Un vol. in-16, cart............... » 30

GÉOGRAPHIES-ATLAS P. FONCIN

Géographie : Année préparatoire. Un vol. oblong, cart........................ » 75

Géographie : Cours élémentaire des Écoles primaires et Division préparatoire des Lycées et Collèges. Un vol. in-4°, cart.. 1 »

Géographie : 1ʳᵉ année = Cours moyen des Écoles primaires (Certificat d'Études primaires) et Division élémentaire des Lycées et Collèges. Un vol. in-4°, cart................................. 1 50

Géographie : Cours supérieur et Cours complémentaire des Écoles primaires (Brevet élémentaire, Concours d'admission aux Écoles normales, etc.). Un vol. in-4°, cart.................... 2 25

Géographie : Deuxième année. Écoles primaires supérieures (Certificat d'Études primaires supérieures), Écoles normales, Enseignement secondaire. Un vol. in-4°, cart....................... 4 25

Géographie : Troisième année. Écoles primaires supérieures, Écoles commerciales, Écoles normales (Brevet supérieur), Enseignement secondaire. Un vol. in-4°, cart....................... 6 50

Lectures géographiques illustrées. Un vol. oblong, 86 *gravures*, cart......... **2 50**

CARTES MURALES VIDAL-LABLACHE

1ʳᵉ série : France et cinq parties du Monde.
(Les Cartes marquées d'un *astérisque* sont *parlantes* au recto, *muettes* au verso.)

1. Termes de Géographie.	9*. France. Provinces.	17*. Afrique politique.
2*. France. Cours d'eau.	10. — Frontière du N.-E. et	18*. Continent américain physique.
3*. — Relief du sol.	10 *bis*. France militaire.	19*. Amérique du Nord politique.
4*. — Départements.	11. Algérie et Tunisie physique et politique.	20*. Amérique du Sud politique.
5*. — Villes.	12*. Europe physique.	21*. Océanie.
6*. — Canaux.	13*. — politique.	22*. Planisphère.
7*. — Chemins de fer.	14*. Asie physique.	23. Palestine et Pays d'Orient.
8. — Agriculture et	15*. — politique.	24. Paris et environs.
8 *bis*. Industrie.	16*. Afrique physique.	39. France. Géologie.

2ᵉ série : Contrées d'Europe.
(Les Cartes de cette série sont *physiques* au recto, *politiques* au verso.)

25. Belgique.	29. Pays-Bas.	33. Péninsule des Balkans.
26. Suisse.	30. Italie.	34. Russie.
27. Allemagne.	31. Espagne.	
28. Iles Britanniques.	32. Autriche-Hongrie.	35. Grèce et Archipel.

3ᵉ série : Colonies et Protectorats français.

36. Madagascar et	37. Afrique occidentale et 37 *bis*. Guyane,	38. Tunisie physique et
36 *bis*. Indo-Chine française.	Nouvelle-Calédonie, Antilles.	38 *bis*. Tunisie politique.

Chaque Carte murale, double face, sur carton (1ᵐ,20 sur 1ᵐ), tirée *en couleur*. **6 50**

Notice géographique (Leçon, questionnaire avec réponses, clef pour chaque carte muette), cart. . . . . » **40**

Appareil de suspension. . . . . 2 fr. | Meuble pour contenir toutes les cartes. . . . . **12 »**

Conditions d'envoi. — 2 Cartes peuvent être expédiées en France en un colis postal de 5 kil., et 6 cartes en un colis de 10 kil. (Pour un colis de 5 kil., ajouter 1 fr. 90 ; pour 10 kil., ajouter 2 fr. 35, frais d'emballage et de port à la gare la plus rapprochée.)